马云：我的关键时刻

『阿里帝国』迄今最关键时候，马云如何选择，为什么这么选择

叶光森 著

北京联合出版公司
Beijing United Publishing Co.,Ltd.

图书在版编目（CIP）数据

马云：我的关键时刻 / 叶光森著. —北京：北京联合出版公司，2014.9

ISBN 978-7-5502-3570-0

Ⅰ. ①马… Ⅱ. ①叶… Ⅲ. ①电子商务－商业企业管理－经验－中国 Ⅳ. ①F724.6

中国版本图书馆CIP数据核字（2014）第199257号

马云：我的关键时刻

作　　者：叶光森

责任编辑：丰雪飞

特约编辑：尹晓梦

封面设计：红杉林文化

北京联合出版公司出版

（北京市西城区德外大街83号楼9层　100088）

北京慧美印刷有限公司印刷　新华书店经销

字数100千字　700毫米×980毫米　1/16　14.75印张

2014年9月第1版　2014年9月第1次印刷

ISBN 978-7-5502-3570-0

定价：36.00元

本书若有质量问题，请与本公司图书销售中心联系调换。电话：010-82069336。

目录

CONTENTS

序篇

我们到底要向马云学什么

马云在关键时刻做对了很多事，才有今天的辉煌成就。但正如大师齐白石所说“学我者生，似我者死”，我们不能模仿马云做的事，只能去学马云做事背后的思维方法。太极拳的顺势而为、太极图的阴阳思维，是人人都要学、学了就能用、用了就受益的人智慧，读懂马云、学习马云，请从理解太极开始！

PART 1

学业事业遇挫的关键时刻，马云选择相信未来

不论是学业还是创业，35岁之前的马云屡战屡败，这是他为阿里巴巴后来的成功支付的“成本”；“快乐工作，认真生活”，这是热爱太极拳的马云总结的“刚柔相济”的人生智慧，是成功与幸福兼得的人间正道。

PART 2

创业抉择的关键时刻，马云顺势而为

太极源于《易经》，《易经》是关于变化的哲学，太极拳的一大精髓是顺势而为。创业者需要顺应经济、社会和人性的趋势与规律来开创自己的事业。

马云颇为推崇的“红顶商人”胡雪岩说过：“如果你了解一个县的情况就可以做一个县的生意，了解一个省的情况就可以做一个省的生意，了解天下的情况就可以做天下的生意。”马云再度创业选择创办阿里巴巴做天下的生意，是因为他了解天下的大趋势。

PART 3

组织建设的关键时刻，马云靠使命和价值观凝聚人心

太极拳术以分虚实为第一义。马云在企业管理中把实的做虚，把虚的做实，他靠虚的价值观、使命感来做出实的利润，他考核每位员工是否落实价值观，把虚的文化做实。

马云对阿里巴巴的管理模式充满自信：“我跟大家可以打一个赌，我们这个价值观以及使用价值观的方法，20年以后中国所

有的企业一定都会这么做。”

PART 4

企业扩张的关键时刻，马云大举建设生态系统

太极的哲学意向是阴阳图，阴阳变化的起源是日夜交替，也就是说太极源自于“道法自然”的最高理念。马云近年来专注于企业的生态系统建设，这也是“道法自然”理念的运用。

PART 5

从佛法看马云的商道

除了太极哲学，佛教哲学对马云的经营管理也产生了积极的影响。马云说：“我在寻找文化的东西。我对道家很感兴

序篇

我们到底要向马云学什么

马云是人不是神，也有不少弱点，犯过不少错误，吴晓波的系列视频节目《这些年马云犯过的错》有详细的分析，感兴趣的朋友可以百度一下。但正如很多思想家及心灵鸡汤告诉我们的，看人主要不是看缺点，而是看优点。看缺点，人人面目可憎；看优点，人人都是老师。

学习马云有个问题：写马云的书不会少于五十本，分析马云的文章至少几千篇，难道我们要看完这些浩如烟海的资料，才能学到他的本事吗？其实，真的不用这么麻烦。马云99%的本事是他的太极之道，你只需要与本书一起破解马云的太极之道即可。

有朋友可能会问，这本书的主题是“马云的关键时刻”，你怎么大讲太极了？我这么做，是因为决定一个人做法的是他的想法，我们只有学会马云思考问题的方法，才能真正提高解决问题的能力。如果你只是看马云做的事，然后去模仿，十有八九要失败，因为你所处的环境、你所拥有的资源和能力与马云不同，所以能做的事也不同，这就是经常有人指出成功的道路不可复制的原因。

太极是融入马云骨子里的东西。马云经常在办公室练太极，有时与下属开会，谈着谈着他可能会突然站起来练一会儿太极拳。用他的话说，就是理理思路，找找灵感。马云不仅鼓励公司高管学习太极拳，而且也劝导他们用“太极图”来看世界。早在四五年前，在阿里巴巴的高管会议中，马云就让大家以太极图、阴阳鱼的方式来思考经营管理的问题。

如果我们想成功，就不要只学马云的皮毛，去学他的太极之道吧。

五分钟读懂马云的核心竞争力

2014年马云50岁，他创办的阿里巴巴也15岁了并且要在美国上市，这一消息惊动了全球。这么牛的平民出身的人物，他的核心竞争力我们必须学到手。

顺势而为是创业的第一法则

准确判断市场大趋势，然后顺势而为，是马云成功的关键。

为了完成创办百亿美金公司的目标，小米手机创始人雷军认真学习并研究了大佬们的创业历史，尤其是马云的创业史。

从阿里巴巴十多年的创业历史中，雷军总结了三点。第一点，要有一个巨大的市场。任何一个大公司的成功，它的创业背景一定是巨大的市场，如果没有一个巨大的市场需求，想把公司做成是不可能的。第二点，要找一群超级靠谱的人。第三点，相对同行而言，要有一笔永远也花不完的钱。为什么要有永远也花不完的钱？因为钱对提高你的自信心有非常大的帮助，可使你有胆量去尝试一些东西。

在这三点中，第一点最重要。雷军称：“因为有了巨大的市场，你就有机会找到靠谱的人，你就有机会融到很多的钱。如果你的市场不够大的话，那么你就几乎不可能做到汇聚资源。”

不断发现新的大需求、大市场，是马云最热衷的工作。

马云强调企业的领导者务必看清大势，早做部署：“我们做企业，常常想明天要干吗，明年要干吗，很少考虑十年后要干吗……今天的阿里巴巴是十年前做的，十年后的阿里巴巴是今天做的。做企业一定要去想十年后的市场会变成什么样，从现在开始坚定不移地努力。假如你现在还忙着今天、明天的事，那企业会越来越难做。”

一个典型的例子是马云这个技术门外汉自2009年起全力扶持云计算，现在阿里云已经在中国处于领先地位。

在第五届阿里技术论坛上，马云与外界分享了阿里云崛起的一些幕后故事：“网上很多人批评说我被王坚（阿里集团首席技术官）忽悠了。这个云计算要把5000台计算机合在一起，是根本不可能实现的。他当时讲了很多技术名词，我根本没听懂。但是我认为如果说云计算能解决社会的问题，那当然应该做下去。所以，想也没想，从人头到资金，我们一路投下去，最后我们走了出来。腾讯、百度没搞下去，重要的原因是它们的领导知道这个搞不下去。”

王坚告诉马云的是：互联网已经成为国家经济发展的基础设施，云计算将决定国家未来的竞争力。马云的逻辑很简单，既然云计算是大势所趋，那就要坚决做下去。正如当年他认定电子商务是大势所趋一样，克服一切困难一路走下去，就一定会有丰厚的回报。

马云近两年的“疯狂”投资让很多人高呼看不懂，一个搞电子商务的，投资医药企业（中信21世纪）、畜牧企业、优酷土豆、陌陌、新浪微博、华数、文化中国、穷游网、恒大足球，这是要闹哪样？

马云的逻辑是：“健康”和“快乐”是中国人越来越大的需求，既然看准这是大趋势，那就趁早果断买进吧！

马云怎样判断趋势

顺势而为的前提是了解天下大势。马云颇为推崇的“红顶商人”胡雪岩说过：“如果你了解一个县的情况就可以做一个县的生意，了解一个省的情况就可以做一个省的生意，了解天下的情况就可以做天下的生意。”

马云是道家人物，看清大势主要的学习手段不是看书。在“读万卷书、行万里路、交万人友”这几大学习途径中，他偏好后两者。

马云很注意开阔自己的视野：“成长到现在为止，我比其他国内的CEO跑得多、想得多，我到处听别人的想法，看别人怎么做事做人。”“你们村你们家的房子最高，可你跑到上海，一看房子怎么这么高，到纽约更要晕过去了。你没有出去看过，你没有见过大企业，没有见过真正的创业者、真正的领导者，只觉得你们家王二毛最厉害，这个就是眼光不对，眼光不对永远做不大。”

马云认为看清大势是领导者征服投资者和同事的关键：“要想真正做好领导，还必须有独到的眼光，必须比别人看得远，胸怀比别人大。所以我花很多时间参加各种论坛，全世界跑，看硅谷的变化、看欧洲的变化、看日本的变化，看竞争者、看投资者、看自己的客户。看清楚后，告诉他们，这是我们自己的发展方向！你一定要比投资者更有说服力！投资者不可能跟我一样去拜访客户。然后我会拿出一张蓝图，我的同事也不可能拿出这张图来，所以我拿出这样的图时他们会觉得：好，我们就这么走！”

与其学马云怎么说，不如学他怎么想

学完了马云的“顺”，再学马云的“逆”。切记，顺序不可颠倒！

很多人对马云印象最深的是：这家伙真能说。

马云为什么这么能说？因为他懂太极。

“天地之道，不离阴阳”，太极图是阴阳一体的，万事万物都有阴阳两面。这就是马云思维和说话的秘密所在。

当别人看到事情阳面的时候，马云会想想这件事的阴面；当大家都看到事情阴面的时候，马云偏要看看事情的阳面。所以他说的话总是让人耳目一新，眼前一亮，如醍醐灌顶，让敬仰之情如滔滔江水连绵不绝。

其实只要你也养成太极的思维习惯，哪怕你没读多少书，你也可以时常说出高端大气上档次的话，做出让人刮目相看的事。

太极拳的顺势而为、太极图的阴阳思维，是人人都要学、学了就能用、用了就受益的大智慧，读懂马云、学习马云，请从理解太极开始！

马云做企业几乎完全按照太极的宗旨

马云的助理陈伟说："马总有一个愿望，希望有朝一日大家这样评价他，马总是一位太极大师，他也曾创办过企业，比如阿里巴巴、淘宝网……从某种意义上说，阿里集团就是太极哲学思想在网络时代'野蛮生长'的副产品。"

2014年，马云50岁。创业20载，"太极大师"马云名利兼收。

2013年年底英国《金融时报》评出的"年度人物"是阿里巴巴集团创始人马云。其评奖文章中说：

> 阿里巴巴的交易额已超过了eBay和亚马逊的总和，占到中国GDP的2%。阿里巴巴交易产生的包裹占全中国快递市场的70%，全中国约80%的网络交易都来自阿里巴巴集团旗下的平台。这一切可能只是个开始，中国超过一半的销售仍然在线下。中国的网民数已超过六亿，中国的电子商

务市场规模很快就会超越美国成为世界第一。

马云拥有旺盛的斗志，是当代中国企业家中的佼佼者。他活出了中国互联网的精彩，将其潜力和矛盾表露无遗，因而当选《金融时报》“2013年度风云人物”。

在中国，几乎所有的成功企业都是照搬国外的模式，唯有马云是一个真正的创新者。他同期的大多数人只是创造了一批“中国的谷歌”“中国的亚马逊”或“中国的推特”，但马云于1999年在其寓所创立的B2B电子商务网站——阿里巴巴，却是全球同类网站的第一个。

马云如今已经将目光放在新的目标上：撼动中国的金融业。他的雄心远远超越了网上零售，这让传统并由政府主导的中国金融业开始感到变革的力量。

不是官二代，也不是富二代，普通大学本科毕业的马云的成功靠的是其格局宏大：“细节好的人格局一般都差，格局好的人从来不重细节，两个都干好，那叫太有才！”

格局即人格和战略，大格局的背后是大思想，马云认为："管理、文化背后必须有强大思想，没有真正的好的思想没有办法把企业做大。"

做企业的道理跟太极拳的道理一模一样

马云的经营管理思想可以归纳为太极之道："学习太极越来越发现，其实我做企业无论是内部管理，还是员工的管理，包括跟客户、跟竞争对手的关系，都完全是按照太极的宗旨来处理的。"

马云是太极拳的资深爱好者，练习太极拳长达十几年，对太极拳"虚实""动静""开合""进退"的哲学思维体会甚深。阴和阳，物极必反，什么时候该收，什么时候该放，什么时候该化，什么时候该聚，"这些东西跟做企业是一模一样的"。

"太极"思维体现在阿里巴巴企业集团的各个方面。阿里巴巴处处强调价值观，把看起来很"虚"的企业文化和制度，落实到很"实"的员工行为与业绩中去；阿里巴巴是一家理想驱动的公司，同时也是最能赚钱的公司，它能把很"虚"的理想激情转化成很"实"的市值、利润。"虚实转化"正是太极图"阴阳轮转"的运用。

什么是太极？天地之道，以阴阳二气造化万物，太极为阴阳二气合一的实体。“一阴一阳之谓道”，万事万物都有两面，它们不断地变化，彼此也有一定的关联。

宋代哲学家朱熹认为，太极乃天地万事万物之理的总和，而在具体的事物中也有太极之理，“人人有一太极，物物有一太极”。因此，从太极中演化出人生哲学、经营管理哲学是顺理成章的事。

马云的思维方式很“太极”

金庸曾经说过：“练太极拳，练的主要不是拳脚功夫，而是头脑中、心灵中的功夫。”马云练习太极多年，其头脑和心灵已经完全太极化了。

太极式的逆向思维在马云身上随处可见。

“进攻的时候，人家最强的地方也是最弱的地方。大家认为对的地方，往往里面有错的地方；大家认为危险很大的时候，要想到机会就躲在里面。”

“在今年的亚布力论坛上面，李彦宏讲他的目的是不犯错误，等待对手犯错误。我的观点刚好相反，第一我允许自己犯错误，第二我允许我的团队犯更多错误，并超过我……由于允许自己犯错误，做事情就会轻松起来。什么叫创新，就是认真地玩。很认真地玩的时候，就在创新，创新必须是放松的。在很大的压力下，怎么可能创新。你不允许团队犯错误，我可以告诉你，你就不可能成长。”

“阳极生阴，阴极生阳”的构造体现了物极必反的道理，《老子》里也曾说“反者道之动”。马云之所以经常说“反话”语惊四座，不是因为他想哗众取宠，而是因为逆向思维是太极之道的基本运用之一。

马云的太极思维在2007年阿里巴巴上市和2008年、2009年应对金融危机时表现得极其明显。

在一些人眼中，上市几乎是“圈钱”的代名词，2007年阿里巴巴上市时，马云却反其道而行之，以13.5港币每股的低价上市，让利于投资者。马云曾回顾这个决定：“报20块钱是不丢脸的，因为太多人想买这个股票了。这个时候我们这些人做了非常沉重的决定，后来我们提出只卖13块。做这个决定的时候大家很吃惊，他们从来没碰上过一家公司特别是中国公司把自己本来可以拿到的钱给股东分享。但是我们对自己说，别人疯狂了我们不能疯狂，别人认为你卖20块钱你千万不要以为能卖20块钱。香港很多上市公司把价格拉得非常之高，最后让股东遭受损失。我们要对股东负责，最后我们决定以13.5港元/股上市。我们不提高定价是我们愚蠢，因为毕竟我们也是企业，但是加价到二三十港元一股，我相信股东、香港股民有一天会骂我们。”

马云失去的是上百亿的融资，赢得的是在资本市场的良好口碑。

2008年年底、金融危机期间，马云在会见日本经营之神稻盛和夫时说：“作为企业家很重要的是要有远见，要能看到别人没看见的东西。前几年我花最多时间就是在考虑，什么东西会打垮我的公司，而不是什么东西会让我的公司成长。只要不被打倒你就有机会成长。经济形势好的时候我一定开始融资，形势不好的时候我开始投资。我永远坚信在公司里要放下足够的现金。不管别人怎么笑我，我还是把现金放在那儿。我有一个原则——阳光灿烂时修屋顶，不能下雨天去修。面临今天这样的经济危机，对我们最大的挑战就是如何坚持我们的原则。我们不仅仅是想自己活下来，还要帮助几千万中小企业客户活下来，要使员工在最困难的时候还能够有激情更努力地工作。这是我今天所面临的挑战，也是感受到的最大乐趣。”

马云怎么样“使员工在最困难的时候还能够有激情更努力地工作”？2008年年底、2009年年初是金融危机肆虐全球的时候，企业裁员、降薪的新闻铺天盖地，都想降低运营成本，节省资金好过冬。马云却宣布了丰厚的年终奖计划和加薪计划，并在给阿里巴巴员工的邮件中写到：“请带上你的家人去花钱！！去消费！！！”

马云的理由是：“我认为2008年是阿里巴巴创办九年以来最成功的一年，因为这一年我们躲过了金融风暴，这一年我们做了全面的准备，做了大量的调整，员工大量地改造自己的产品。一切都很好，我们应该给员工年终奖，并且给优秀的员工加工资。我觉得给员工加工资不应该跟外部经济形势挂钩，他干得好你承诺过他的就应该给他。如果是外面经济形势非常好但他们干得不好就不能加，这些跟外部经济形势是没关系的。”

年终奖和加薪让阿里巴巴的一万多名员工心里非常踏

实，公司坚守承诺，让他们更加有信心帮助更多的中小企业成功。

应对金融危机除了处理与员工的关系，还需要处理与客户的关系，大部分企业的思路是赶紧从客户那里多赚点钱好过冬，马云却又一次反其道而行。

由于在经济形势好的时候融资上百亿，再加上平时注意储备现金，阿里巴巴并不缺钱——这就是上面所说的“阳光灿烂时修屋顶，不能下雨天去修”。马云决定拿这些钱去拯救客户——帮助几千万中小企业客户活下来才能让自己活得更好。

2008年7月，阿里巴巴宣布免费提供价值3亿元的电子商务服务。此后，阿里巴巴又宣布融资150亿元，对陷入困境的中小企业实施救援计划。

阿里巴巴的另一个大动作是决定立刻把阿里巴巴的利润降低。“中国供应商”的定价原来是每个6万元，调整之后是19800元，很多中小企业因为有19800元的产品就敢于尝试。马云在阿里巴巴开会时说：“2009年第一季度我们的利润目标为零，不需要利润，全力以赴帮助更多的中小企业。”

应对金融危机还要看竞争对手，因此2009年马云带着阿里巴巴的13个高管，在美国一片恐慌的时候到美国调研和学习。

马云考察完后对未来充满了信心："十年以前我跟蔡崇信先生两个人到美国硅谷，想要风险投资，那时候只要几百万美金，我们见了很多VC（风险投资人），他们觉得中国不可能有互联网。但我们看到了美国硅谷的梦想，那时候美国硅谷每天晚上灯火通明，很多技术人员挑灯夜战，很多技术人员告诉你'他们的技术冲击着世界'，星期六、星期天很多大楼里都是人，根本找不到停车位。我们看到的是硅谷的激情和梦想。我们看到了美国梦想，这些美国梦想使我们回到中国的时候也希望在中国建立这样的美国梦想，我们希望在中国未来十年的发展中也能创造这样的公司。但是十年以后我们回美国发现他们找不到梦想，他们想的是下个月怎么办，一些非常有名的IT公司的工程师在讲产品的时候不是讲这个产品会影响多少人、帮助多少人，而是告诉你这个产品能赚多少钱。如果连一个公司的工程师都在告诉你赚了多少钱的时候，你就会知道问题出在哪里。看过以后我们更有信心了，假如冬天的时候你失去信心、失去梦想、失去对未来的憧憬，那么这家公司就像死人一样。我们看过的美国公司有几家一定不会在21世纪存在了，即使存在也像行尸走肉一样，他们没有对未来的展望。

“如果没有对未来的展望，一个人只有钱而没有理想和想法会怎么样？一家公司没有使命，没有对未来的展望，我觉得这家公司活着还不如死了呢。我想告诉大家，通过阿里巴巴这十几天的考察，我们对中国的信心、对自己的信心、对未来的信心越来越大。当然信心必须建立在脚踏实地的路上，如果有愿景、有使命，但是使命和愿景都是用来说给别人听而不是自己组织人才落实到点点滴滴，那都是空话，都是不值钱的。所以回来以后我们又做了大量的改造……”

通过实施以上三方面的应对措施，在金融危机、贸易萧条的大背景下，阿里巴巴却实现了惊人的逆势增长。

2008年阿里巴巴的总营业收入为30.01亿元人民币，较2007年增长39%；总注册用户上升37.95%，达到3807.5万名；付费用户总数上升41.4%，达到43.2万名。2009年阿里巴巴全年营业收入为38.75亿元，增长29%，其国际交易市场的注册用户全年共增加360多万，增幅达46.3%。

太极思维的力量在此展露无遗。

中国企业要从第一天就有练太极的想法才行

马云将自己的成长分为三个阶段，从开始学习创业，到学习企业经营、发展，再到2007年、2008年，他对哲学的兴趣越来越大，一有空就去学习道家哲学、佛家思想。

马云认为中国企业“文化寻根”的时代已经到来：“你去看西方的管理哲学，西方相关的管理哲学，是从基督教的思想过来的。包括日本的精益管理，也都有自己的哲学思想在里面。中国公司的管理，不是从西方学一些管理思想，就是从日本学习一些流程管理的方法，没有一个文化根基。我认为我们必须要有一个文化根基，中国的管理才能够自成一脉。我从太极拳里悟出了儒释道文化——很有味道的东西。我把它融入到企业管理中，这样我才是有根源的。否则你今天去剽窃了GE（通用电气公司）的六西格玛，明天去学习日本的精益管理，后天再去学习欧洲的资本运作，但人家的东西是有根基在里面的。你没有根基是不行的。”

中国企业需要中国哲学作为文化根基，因此马云认为：“中国企业都有一个从少林小子到太极宗师的过程。少林小子都会打几下，太极宗师有章有法，有阴有阳，中国企业创立的第一天就要有练太极的想法才行。”

本书将从太极哲学出发，梳理马云50年的人生与创业历程。在积累能力的关键时刻、创业抉择的关键时刻、组织建设的关键时刻和企业扩张的关键时刻，马云做事的思维，对应的分别是太极之道里的“刚柔相济”“顺势而为”“虚实相生”和“道法自然”。

或许有人会想，这些道理看起来太高深了，不实用。其实高深的道理最接地气，最虚的东西才最实，这也是太极式的辩证法。

“从道里面我学到了阴阳、虚实，这在企业运营过程中是极其重要的。企业运营到一定程度，读书读到一定程度，学的都是哲学。”马云如是说。

PART 1

学业事业遇挫的关键时刻，马云选择相信未来

不论是学业还是创业，35岁之前的马云屡战屡败，这是他为阿里巴巴后来的成功支付的“成本”；“快乐工作，认真生活”，这是热爱太极拳的马云总结的“刚柔相济”的人生智慧，是成功与幸福兼得的人间正道。

2012年12月22日，经过63次加价，马云自创的“马体墨宝”最终拍卖了242万余元。

这个价格惊呆了一群小伙伴，这幅画让网友直呼看不懂。是字符@，是太极图案，是蚊香，是煎饼馃子，还是塔防游戏？

马云的画作是在太极禅院完成的，他又恰恰是个“太极迷”，说这幅画与太极有关是最靠谱的答案。

细看这幅马氏太极图，有苍茫宇宙、包罗万象的气势，但一切的源头在于圆心。正如今天的阿里巴巴集团四处攻城略地，有席卷天下、万众瞩目之势，究其源头是创立这个企业的一个牛人——马云。“道生一，一生二，二生三，三生万物”，任何人想要创立庞大的企业帝国，都要先经营好一切的源头——自己。

本篇将介绍马云35岁开创阿里巴巴之前的经历——大部分是失败的故事。如果不看马云年轻时的失败，以及他从失败中汲取的营养，就不可能理解他后来的成功。

太极图是阴阳一体的，具备太极思维的马云一直将失败和成功看作一个整体：“实力是靠失败堆积起来的，一次次的失败就是一个人的实力，一个企业的实力……一个人最后的成功包含了太多惨痛的经历。”“从创业的第一天起，你每天要面对的就是困难和失败，而不是成功。我最困难的时候还没有到，但有一天一定会到。困难不是不能躲避，但不能让别人替你去扛。15年创业的经验告诉我，任何困难都必须你自己去面对。创业就是面对困难。”

遭遇困难与失败是人生的常态，正如练太极拳也需要坚强的意志。练太极要想练成天下第一，要遵循一个原则，那就是根基必须要稳，只有意志坚强的人才能打好根基。

曾有太极拳师讲述自己练拳的心路历程：“从打拳着手，无论‘进入了平立’或是‘马步蹲裆、转腰揉胯’，我居然都站不到三分钟，这是令人尴尬而又让人难以相信的事，这也让我意识到自个儿的渺小与低微。不过心上那不屈不挠与不甘的念头，让我在一次次的失败和艰难困苦中坚持下来，在一步一脚迹、一掴一掌血的情形下，一步步地提高了自己的水平。经过长期的苦撑苦练，我的感受敏感了，在平立观无极的沉静凝立中，仿佛听见花开叶落。”

有人看到这里，可能会想，这不就是老掉牙的一套嘛，“人生需要意志坚韧、自强不息”。但太极之道可不止于此，太极哲学讲的是阴阳一体，刚柔相济。

太极拳谱中说：“运劲之功夫，先化硬为柔，然后练柔成刚。及其至也，亦柔亦刚。刚柔得中，方见阴阳。故此拳不可以刚名，亦不可以柔名，直以太极之无名名之。”

“快乐工作，认真生活”，这是热爱太极哲学的马云总结的“刚柔相济”的人生智慧，是成功与幸福兼得的人间正道。

高考失败，用小说和电视剧激励自己

马云不是天才，而一个普通人创立了一番伟业，必然有一部血泪史。

阿里巴巴的创立与成功，跟马云掌握了英语这个国际交流必备工具有莫大关系。为了获得这个工具，马云是付出了巨大代价的。

马云不仅没有上过一流的大学，而且连小学、中学都是三四流的。初中考高中考了两次，高中考大学考了三次。

18岁第一次参加高考，志愿填的是“北京大学”，数学却只考了一分。理想很丰满，现实很骨感！

落榜后的马云和任何普通青年一样，心灰意冷。他放低身段准备当打工仔，和表弟一起去西湖边一个宾馆应聘服务生，但天地不仁，由于表弟有“高帅富”的范儿，而马云的形象近乎“矮穷矬”，他的表弟被录取，马云则“选秀”失败。

马云退而求其次，靠体力劳动混口饭吃。有一天，他给一家文化单位运书到金华，在金华火车站，他捡到一本励志小说——路遥写的《人生》。

《人生》中有几句格言影响了很多人。“人生的道路虽然漫长，但紧要处常常只有几步，特别是当人年轻的时候。”“没有一个人的生活道路是笔直的、没有岔道的。有些岔道口，譬如政治上的岔道口，事业上的岔道口，个人生活上的岔道口，你走错一步，可以影响人生的一个时期，也可以影响一生。”

少年马云从小说中受到了巨大的精神鼓舞，他做出了一个重大的决定：二次高考。结果如何？数学考了19分，屡战屡败！

父母彻底失望了，但马云并不打算投降。这次是热播的日本青春偶像剧《排球女将》激励了他。女主角的坚强与执着给了少年马云信心和力量，他开始了第三次高考的复习准备。

由于无法说服父母让他继续复读，马云决定白天打工，晚上念夜校。每到星期日，他就早早起床，赶到离家有一个多小时路程的浙江大学图书馆去复习。

第三次参加高考时，马云已经20岁。人们依旧对他没信心，在走进考场的前一天，一位姓余的数学老师对他说：“马云，你的数学真是一塌糊涂，如果你能考及格，我的‘余’倒着写！”

受到刺激的马云想了一个绝招：在考数学之前，马云背下了10个基本的数学公式，考试开始以后就一个一个往公式里套。用这种独门绝技，马云这次数学的考试成绩还真就及格了——79分（当时数学的满分是120分）。

“物极必反”，霉运出尽的马云开始好运连连。当年杭州师范英语系由于刚升到本科，报考的学生竟然不够招生数。于是校领导决定让几个英语成绩好的专科生直升本科。于是，离本科分数线差五分但英语成绩很牛的马云光荣地以本科生的身份踏进了杭州师范，就读于英语专业。

马云与“学霸”无缘的经历足以说明他不是学习天才。但马云的三次高考极大地提高了他的情商——高考坚持三年不放弃，估计绝大部分人做不到。

而闯荡过江湖的朋友们应该都有体会，情商比智商更重要。马云讲了他的朋友刘国梁成为冠军背后的付出：“我的朋友刘国梁，打乒乓球大家都知道，冠军，那哥们的细节技术太神了，他球一发，你基本上就没救了，你就死掉了。细节怎么练出来的？球网上面加了这么小一个缝，刚好一个球塞得进去，他一发，球从里面穿过去，连发三个，全穿过。（这是）天赋？什么天赋，你练一千次，他练两万次！”

“永远用乐观的眼光看这个世界。在这个社会上，你一定会郁闷，一定会痛苦，一定会沮丧，一定会觉得这个不爽，那个不爽。不仅你们这么觉得，人类社会几千年以来几乎每个人都郁闷过，每个人都痛苦过，每个人都难过过。但是人类社会永远是一代胜过一代。不管发生什么事情，要相信明天会更美好。这世界上会有很多令人不满的事情，令人不爽的事情。你改变不了多少，改变自己，才能改变未来。”——马云如是说。

平台好不好关键不是别人怎么看，而是你自己怎么信

在中小学时代马云经常跟一群孩子打架，但没有一次是为自己，全是为了朋友。最厉害的一次是被打得缝了13针，挨了学校处分，被迫转学。这段经历不是白费的。

马云12岁时就自觉地开始打英语基础。马云本不是爱学习的好孩子，自发学英语是受到初中女老师的影响，当时马云的地理老师人很漂亮，讲课也很棒，是班上男生心中的女神。有一次她跟同学们说，在西湖边上有几个外国人问她中国地理，因为她英文很好，自然对答如流。老师的本意是鼓励同学们学好地理，别给中国人丢脸，结果却激发了马云学习英语的兴趣。

上完那节地理课后，马云花六毛多钱买了个纸喇叭，每天听英

文广播，坚持不懈。1979年刚改革开放那阵儿，到杭州旅游的外国人多了起来，马云一有机会就在西湖边逮着人家练口语。这段经历也不是白费的。

上了大学后，由于英语基础好，马云学起来很轻松，为了打发空闲的时光，他便进了校学生会，凭着满腔热情和从小就有的一身侠气，马云当选为杭州师范学院的学生会主席，后来又成为杭州市学联主席。

学生会主席和学联主席的经历显然对马云锻炼领导力起到了良好的作用，为他以后领导阿里巴巴集团积累了宝贵经验。

马云的故事告诉我们，在一个平台上学习或工作，关键不是平台本身的好坏，而是我们有没有利用好这个平台的资源去发展自己。不去利用的话，再好的平台都是虚的；充分利用的话，再小的平台也能让你有长足的进步。

在杭州师范大学2011届开学典礼上，马云如是说：“我坚定不移地相信杭师大是全世界最好的学校。我去过很多大学，哈佛也好，MIT（美国麻省理工学院）也好，北大、清华也好，我都以杭师大为骄傲。我一直说这是最好的学校。因为，好与不好很多时候不是别人怎么看，而是你自己怎么信。如果你觉得自己不好，你就没有好的机会。在世俗的眼光里，我们杭师大确实跟北大清华有距离，但正因为有距离才给了我们机会。假如我当年考进了北大，就不是我马云了。

因为杭师大给了我这样的机会。因为你信，你才有机会；如果你不信，你一点机会都没有。”

大部分人所处的平台是一般的，但如果我们具备马云的太极式思维，就会发现，在顶级平台上，同事或同学之中高手如云，这很容易让人丧失自信；正因为平台一般，我们才有了脱颖而出的机会。

曾有人统计美国各大学经济系研究生毕业后的论文发表情况，发现顶尖大学排在班级最前列的学生毕业六年内平均发表六篇论文，排在四五名的学生平均发表一篇论文，而排在中等及以下的学生则一篇都没有。而美国普通大学排在班级最前列的学生却能确保至少发表一篇论文。看似不好的平台其实很好，关键在于你要相信，“因为你信，你才有机会”！

想当一个好老板，首先应是一个好员工

从杭州师范学院毕业后，马云到杭州电子工业学院（现为杭州电子科技大学）教英语和国际贸易。马云是本科毕业就到大学任教的，代表了杭州师范学院的形象，他要是做不好表率，就可能断了学弟学妹们的后路，因此他坚守着这个平凡的岗位，兢兢业业地工作。

杭州电子工业学院在杭州高校中排名很靠后，但马云却凭着自己

的努力入选了杭州高校的“十佳英语教师”。

在一个普通高校当了几年老师，这对马云以后创立阿里巴巴有帮助吗？答案是很有帮助。

马云回顾这段工作经历，有过一番感悟：

> 我大学毕业的时候，在校门口碰到我的校长。校长对我说：“马云，你到那个学校后五年不许出来。”我拍一拍脑袋，回答说：“好，我五年不出来。”没想到分配到那个学校，我一个月工资只有89块，而改革开放初的深圳可以给我每月1200元的待遇，诱惑很大。我想既然承诺了，就不去。后来海南开放了，我可以去争取每月3600元的待遇，我还是遵守承诺，就是不去。事实上，在学校教书的五年给了我很大的帮助。能够当一个好老板的人未必是好员工，但要想当一个好老板，首先应是一个好员工。不想当将军的士兵不是好士兵，但是一个当不好士兵的将军一定不是好将军。

华为总裁任正非也强调基层锻炼对于一个领导者的重要性：“当军长和连长没有本质区别，只要当过连长的人，一定能当军长，但是没有当过连长，直接从参谋下去当个团长的人一辈子都当不了军长。”

太极思维的核心是阴阳一体，对立统一。当老板之前先当一个好员工，这也是太极智慧的一个运用。

在长达六年半的时间里，为了一个承诺，放弃赚更多钱的机会，马云对做人与做事之间的关系也有过太极式的思考。

“三年以来，我们用了很多的MBA（工商管理硕士），包括从哈佛、斯坦福等学校以及国内的很多大学毕业的学生，95%工作表现都不是很好，也许是我们的原因。站在一个客观的、老师的角度上，我觉得MBA有很多的问题。三年前，我在哈佛商学院、在麻省理工学院讲了MBA的发展和我自己觉得非常重要的一些问题，无论他们听不听，我一定要告诉他们，这是他们必须了解的事情。主要的一点是MBA入门学什么。我觉得很多开设MBA教育的学校，不光是中国，全世界各地的MBA学校，只是教了很多技能性的东西。然而，要做事先做人，要先学做人的道理。这些MBA进来企业的时候，基础的礼节、专业精神、敬业精神都很糟糕，一来好像就是‘我来管你们了，我要当经理人’，好像把以前的企业家推翻了。这是一个大问题，MBA应该先学什么？作为一个企业家，小型企业家成功靠精明，中型企业家成功靠管理，大型企业家成功靠做人。有些人说（企业）做大了自然会做人了，错了！要从一进门就学会做人，从小时就要学会做人。”

如果不把美好的一面放大，你是不会成功的

“从各方面来看，我不像是一个有才华的人，无论长相、能力、读书都不见得是这个社会上最好的，为什么我有运气走到今天？我觉得我可能是看懂了人性。人都有善良和邪恶的一面，都希望自己的灵魂不断追求好的一面，但如果不能把自己不好的一面控制住，把美好的一面放大，你是不会成功的。”——马云如是说。

马云的这番话不是唱高调——他在大学当老师时就曾免费给社会上的人们教英语。

大学教书没有填满马云的时间，不甘寂寞的他利用课余时间为到杭州观光的外国游客当导游，还组织了英语培训班和英语角，创办了翻译社。

1992年的春天，马云在杭州解放路基督教青年会里组织了一个英语夜校班，每周学习一至两晚。学生中有想出国留学的高中生，有在校大学生，有工厂里的工人，而大多是大学毕业刚参加工作不久的上班族。

马云的英语课和学生们想象中的完全不一样。大多数老师上课时会带领大家抱着课本按部就班地背单词、分析课文、讲解语法等，

一堂课下来，学生大多听得晕晕乎乎，不知所云。而马云则不同，他讲课时往往抛开书本，很少讲解语法和词句，更注重和大家的口语交流，常从新闻中找吸引人的话题来进行课堂讨论，再配以幽默风趣的语言和夸张的肢体动作，大大提升了这帮“哑巴菜鸟”学习的积极性。学生们常常在笑声中不知不觉就学会了口语。

马云每次讲课时都会出一个命题，让同学们选择某一方的观点，而自己坚持剩下的“无理”那一方的观点，与所有同学展开辩论。尽管学生中也有口才不错的，但马云总是获胜方，这不仅是因为马云的英语口语更好，也是因为他看问题的角度很特别。逆向思维是他的一大特色。

当时马云班上有个学生叫陈伟，他后来成了马云的助理，他回忆的一个小故事就很能体现马云思维的特别。一次马云在香港开会，记者问：“现在你们公司资金这么少，与对手竞争起来，怎么才能保证公司活下去，你对‘一山难容二虎’怎么看？”马云回答：“主要看性别。”记者茫然。马云接着说：“我从来不认为‘一山难容二虎’正确。一座山上有一只公老虎和一只母老虎，那样才是和谐的。”

马云后来还带领他的学生在少年宫门口的广场上办了一个“英语角”，马云特意把时间安排在晚上。因为晚上比较黑，互相都看不清相貌，使得大家说英语的胆子大了起来，各种带着语病的“中国式”英语夹杂着汉语齐飞。

至于创立翻译社，是因为随着外向型经济的发展，社会上翻译外文资料的需求越来越大。马云看到了这个商机，也盘点了自己的资源，他身边的许多同事和退休老教师都闲在家里，于是他决定在杭州成立一个专业的翻译机构。这样既能减轻自己的负担，也能让那些老师赚点外快贴补家用，一举两得。

1994年1月，马云利用基督教青年会临马路的两间房办起了“海博翻译社”，“海博”是英文“希望”（hope）的音译，寓意是“大海一般博大的希望”。

但马云的希望很快遭遇了失望——翻译社生意惨淡。当时一个月的营业额是200多块钱人民币，可是光房租就要700元。

翻译社并非没有做宣传，当时虽然只有少数几个学生入股参与运营，但马云的全体学生都积极对外宣传，有一次他们还拉着横幅去杭州市中心的武林广场做了次宣传。

马云选择坚持下去，他给翻译社题写了四个大字“永不放弃”。他利用翻译社房子临街的优势，兼卖鲜花和生日礼物。为了进货，马云在双休日还带队去义乌小商品市场采购上货。他的付出是远远大于回报的。

马云的学生们也在努力，其中有个八十多岁的学生G，她主动要求去做宣传，并去一些公司联系业务。大家都不忍心让她去，她却说："我去容易成事，谁会拒绝一个八十多岁又会讲英语的老太太的请求呢？"事实正如G说的那样，年轻人办不了的事，G出马基本一次搞定！

这样支撑了一年多，翻译社的生意渐渐好起来了。而1995年马云已经把重心转到互联网创业上，就把翻译社送给了其中一个入了股的学生。

马云课外办培训班、组织英语角、创立翻译社，大大提升了他在杭州的知名度。

英语班的事情传到了中央电视台，引起了《东方时空》杭州籍的编导樊馨蔓的兴趣。她带着摄影师来到杭州，打算为他们拍摄一个短片。不久英语班的故事就出现在《讲述老百姓自己的故事》节目里，这节目收看的人不少，播出第二天就有不少熟人跟英语班的学生说："昨天我在中央台看到你了！"

1995年，马云的英语口语在杭州已小有名气，当时杭州在西湖上举办国际摩托艇大奖赛，200多名杭州美女报名争做司仪，主办方就请马云帮忙培训这些美女的英语口语。还有一个例子是当时杭州有档很火的广播节目叫《外来风》，专门介绍国外流行歌曲，马云被邀请去做客串主持，很多杭州人都是从听这个节目开始才慢慢地了解并喜欢英文歌曲的。

因为马云的活动能力带来的名气，1995年，一家国外公司来到浙江说要做投资，聘马云为翻译，后来又带他到美国。马云后来成为互联网大佬就是因为这次契机。

因为有一颗奉献的心，马云成为了非常有钱的人。

马云认为挣大钱的人不是最精明的人："这个世界上小聪明的人很多。有一次我在上海五星级波特曼酒店宴请一位重要客户，当时一位很高很帅的服务员小伙子端着盘了进来，看到我说，啊呀，我认识你，我用你们阿里巴巴的支付宝分期付账，仔细算了一下，可以省下一毛二分钱的利息呢。当时我就想，这种人就是太小聪明了，如果今天他不这么'聪明'算计，也许已经是总经理了。"

不精明的人才能挣大钱，这也是太极式辩证法的又一个案例。

两次创业失败：梦想是虚的，但是你必须把它做实

1995年，因为一次奇遇，马云开始了他的创业历程。

前面说过，一家声称要在中国投资的公司邀请马云到美国。马云受到了盛情款待，他被安排住在拉斯维加斯酒店顶楼的房间，一按旋钮屋顶立即打开，只剩一层玻璃，躺在床上就可以看见满天繁星。

马云后来发现那帮人和别人谈判时说的事情根本与事实不符，他

们还要求马云为一些子虚乌有的东西"做证"。马云觉得他们可能是一个国际诈骗组织，就拒绝跟他们合作。对方立即露出了狰狞面目，说不合作他就休想回去，并把马云的东西全都扣下。

马云设法逃出魔掌后，在拉斯维加斯赌场用25美分在老虎机上赢了600美元，买了到西雅图的机票。之所以去西雅图，是因为杭州电子工业学院的外教同事之前说起过的互联网，那位同事的丈夫就在西雅图当时仅有的一个网络公司工作。

美国朋友很热情，带他到了名为ISP的小公司，公司的两间小屋里坐着五个面对电脑屏幕不停敲击键盘的年轻人，朋友告诉他可以在互联网上搜索任何东西，并让他试试。西班牙《国家报》生动地描述了马云当时的心情："我甚至害怕触摸电脑的按键。我当时想，谁知道这玩意儿多少钱呢！我要是把它弄坏了就赔了。"

马云在雅虎搜索栏里敲了一个词"Beer"（啤酒），很快就蹦出了一大堆：美国啤酒、日本啤酒、德国啤酒，但就是没有中国啤酒。马云很好奇，又在键盘上敲了一个"Chinese"（中国），搜索的结果是"no data"（没有数据）。马云又敲chinahistory（中国历史），只找到一个50字的介绍。

马云问："为什么有些能搜索到，有些搜索不到？"公司的人告诉他："要先做个homepage（主页），放到网上去，然后，全世界的人就能搜索到了。"

于是马云就请美国朋友帮忙制作杭州海博翻译社的主页，按照马云的意思，制作人员在海博翻译社网页写明了报价、电话和信箱。网页当天就完工了，晚上马云就收到了五封邮件，有来自美国的、日本的，也有来自欧洲的，发邮件的有机构、公司，也有当地留学生。信上说，这是我们发现的第一家中国公司的网站，你们在哪里？我们想和你们谈生意。

马云兴奋不已，他感觉到了互联网蕴藏着改变世界的巨大能量！马云的第一个想法是把中国企业的资料翻译成英文，寄到美国，然后让美国的朋友做成网页放到网上。

1995年3月，马云用身上的全部资金——在拉斯维加斯的老虎机上赢得的美元，买了一台484电脑，回到了杭州。

回国后不久，30岁出头的马云放弃了当时被大家看成金饭碗的大学教师工作，辞职下海了。马云后来的助理陈伟回忆说，马云告诉他，在他打算辞职的时候，本来还挺犹豫的。后来有一天快下班的时候，在校园里遇到了系主任。系主任骑着一辆自行车，车把上挂着两把刚从菜市场买回来的菜。他叫住马云，语重心长地劝他好好干英语教师这份很有前途的工作。“我看着他的样子，突然明白，如果继续在学校待下去，他的现在就是我的将来了！”于是，马云辞职了。

马云辞职创办互联网公司并不被朋友们理解。当时他每天都兴高采烈地跟朋友和学生讲互联网，讲他的创业计划，然后问他们有什么想法。

有人向马云提了几个关于创业步骤的问题，马云答不上来，说他还没有想好。于是大家一起摇头叹息，纷纷向他泼起了冷水："马老师，你开酒吧、开饭店，办个夜校，或者继续当老师，怎么都行，就是干这个不行。这到底是什么？中国人没一个知道的——不是说它不好、没前途，而是因为这玩意儿太先进……中国人不会买账的。"

马云完全是凭着一腔热情创业的。1995年4月，马云拿出了六七千元钱，联合家人亲朋凑了两万元（马云曾准备把自己的房子做抵押来贷款），创建了中国最早的互联网公司之一"杭州海博电脑服务有限公司"。马云去美国花了一点点钱注册了"China page"（中国黄页），电脑显示："You are lucky…"（你很幸运！这个名字没有被注册。）

公司刚成立时员工只有三个人：马云、马云的爱人张英和被马云"忽悠"过来的在学校时的同事何一兵。有一天公司招聘，马云还让英语夜校的学生去帮忙壮声势。当时的学生陈伟去了后，发现一个不小的房间里空荡荡就放了一张课桌和一把椅子，有点小孩子过家家的感觉。

海博电脑服务公司的命运跟海博翻译社比较相似，一开始也是没什么生意。马云就先从身边人下手拓展业务。

当时陈伟在出口电视机的公司上班，另一个女同学周岚在望湖宾馆做大堂经理，马云就把陈伟公司14英寸出口彩电的资料和望湖宾馆的图片发上了互联网。不久之后北京召开了世界妇女大会，会后一些代表来杭州游玩，选择入住不算杭州一流的望湖宾馆。当被问及为什么会选择入住望湖宾馆时，她们回答说，因为这是互联网上所能搜到的中国的唯一一家宾馆。

光靠熟人是做不了几单生意的，马云还四处推销。一位曾在大排档里见过马云的老乡这样描述他：喝得微醺、手舞足蹈，跟一大帮人神侃瞎聊。马云曾回忆过那段经历："我那时名义上是总经理，其实就是个推销员——跟当时上街推销保险、保健品的那些'令人讨厌的业务员'没什么两样。"

那时人们还不知道互联网为何物，为了说服一个怀疑电子商务真实性的杭州老板，马云收集了大量有关电子商务的资料，一遍又一遍地向他介绍和讲解这种崭新的商业模式，告诉他"在网上做广告比在其他媒体上做有更广泛的效应"。但在空口无凭的情况下，这位老板死活不松口。马云改变策略，临走时要了一份该企业的宣传材料。几天以后，马云带着一台电脑向这位老板展示企业的网页，才终于使得他同意付款。

担心上当受骗的远不止这个老板。刚开始创业的三四个月，马云只能凭着几份美国寄来的打印纸和一个越洋电话向客户证明他的公司已经在互联网上了——他兜售的实际上是一种在国内还看不到的商品。于是有人怀疑这些打印纸是马云自己在电脑上制作出来的，是骗钱的东西。

1995年7月，上海开通了44K的互联网专线，马云决定进行一次互联网现场演示证明自己。马云找来了望湖宾馆的老总和杭州明珠电视台的记者。记者把摄像机对准电脑，然后马云从杭州打长途到上海联网（当时还是拨号上网方式），大家焦急等了三个半小时，网页才下载完毕，电脑屏幕上出现了望湖宾馆的主页！整个宾馆在场的人员一片欢呼，马云终于洗去了骗子的罪名！

马云不仅没有害人之心，甚至还缺乏防人之心。

1995年下半年，有五个深圳大老板说要做中国黄页的代理商，愿意拿出两万元得到代理权。1995年的两万元可不是小数目，感觉天上掉下馅饼的马云立刻将公司的核心模式和技术和盘托出，为进一步显示合作的诚意，还派技术人员赶到深圳，昼夜不停地建立好系统。坐等合同的马云等到的却是噩耗：那几个深圳老板刚刚开过新闻发布会，拿出来的东西与黄页的一模一样！马云事后回顾说："当时真受不了，但我还是把它扛下来了。"

经过持续推广，中国黄页的营业额不断增长，1997年的营业收入到了700万元。但麻烦也随之而来。随着互联网在中国升温，中国黄页冒出许多竞争者。

当时最强大的当属本地的杭州电信，他们做了一个非常相似的网站“chinesepage.com”。杭州电信注册资本三亿元，马云注册资本仅两万元；杭州电信有顶级的社会资源和政府资源，马云却一样都没有；企业觉得杭州电信是正规军，马云是野路子。实力悬殊的竞争使得马云最终向对方出让了70%的股份，失去了决策权。杭州电信急于做大赚钱，马云则认为做互联网公司犹如养孩子，不可能让三岁小孩去挣钱。但这种争论最终是由股份多少定胜负的，因此马云决定退出。

马云有段话放在此处总结这次创业历程非常合适：“生活是艰辛的。如果你做得不好，人家会笑话你，把你当垃圾。如果你做得好，人家就抄你、偷你，用各种理由告你……但是生活就像吃巧克力，你不知道下一枚是什么味道。上帝保佑那些虔诚的人。”

马云吃到的下一枚巧克力是在北京创业的机会。1997年年底，当时的外经贸部向马云伸出了橄榄枝，他将自己所持的中国黄页的剩余股份贱卖，带着几个创业伙伴远走北京，继续开发网上贸易站点。

马云在外经贸部所属的中国国际电子商务中心（EDI）出任信息部总经理，他和他的团队在租来的不到20平方米的小房间埋头苦干，成功建设了国富通、中国商品交易市场等网站。网站的模式，简单说就是将中小企业的信息及商品交易市场搬到互联网上。这一在当时尚属全新的模式，受到了众多企业的追捧，网站也创造了“当年创建，当年赢利”的奇迹，纯利润高达287万元。14个月来，马云和他的团队从来没有休息，他们的成绩单如此靓丽，以至于《人民日报》把马云团队称为“梦幻之队”。但由于种种原因，外经贸部此前对马云团队许诺的股份没有落实。马云可以留在北京当官，但他的梦想是创业。

1998年年底，34岁的马云第二次创业依旧失败了，正如他19岁时的第二次高考。离开北京前的最后一个晚上，马云和自己的团队聚在北京的一个小酒馆，众人边喝酒，边抱头痛哭，最后唱起了《真心英雄》。

离开北京回杭州之前，马云跟自己带到北京来的六个人说：“是我带你们来北京的，但现在我要回去，我想告诉你们的是，第一，你们可以留在北京，可以加入新浪，可以加入雅虎，我可以打电话推荐，应该问题不大，工资会非常高；第二，你们可以留在北京大机关里工作，会很稳定，工资也不错；第三，你们可以跟我回去创业，每人的工资是500块人民币，你们跟我创业，十个月内没有休息日，回到杭州后，我们上班的办公室只能在我家里边，我们租不起办公室，每个人租的住房离公司只需五分钟步行，你们打不起出租车，会很穷，十个月后如果失败了，我们再各奔东西，如果没失败，我们就继续往前走。你们认真考虑三天，决定了告诉我。”

马云还告诉大家他离开互联网技术、信息以及资金、传媒关注度最密集的北京，回杭州创业的原因："我们不需要那么多最新的技术，不能听每天流传于坊间的各种浮躁声音，钱也不是第一需要——控制好成本的话，做个网站并不需要太多的资金——做电子商务的第一需要是来自传统行业的中小企业客户，他们集中在浙江。"

马云给的时间是三天，但这些人出去几分钟后就回来了，他们告诉马云："我们一起回家。"他们是放弃可以拿到两三万的月薪跟马云回杭州从零开始的，阿里巴巴将在这个团队手中诞生！他们的合作将持续至今。

马云曾对记者说："我眼中的财富并不只是金钱，朋友、诚信、经历才是世界上最大的财富。"从1995年春到1998年年底，马云没赚到多少钱，但收获了一批可以一起创业的好朋友，以及宝贵的创业经验和创业眼光。

马云对电子商务发展趋势的认识跟他在北京一年多的历练是分不开的。关于开阔眼界对于事业成功的重要性，马云在2007年第四届网商大会上说过一番话："这个世界上没有哪个CEO是培训出来的。CEO都是通过坐在一起聊天，参加各种论坛学习来的。作为一个领导，眼光、胸怀的锻炼十分重要，要多跑多看，读万卷书不如行万里路，你没有走出县城，就不知道纽约有多大，我去了之后回来觉得自己太渺小了，飞那么长时间还没飞到尽头。我经常跟我的同事说，人要学会投资在自己的脑袋和眼光上面，你每天去的地方都是萧山、余杭，你怎么跟那些大客户讲？你投资点钱到日本东京去看看，到纽约去看看，到全世界去看看，回来之后你的眼光就不一样。人要舍得在自己身上投资，这样才能把机会和财富带给客户。”

宝贵的经历和眼光是坚定的行动换来的。有梦想就要有行动，有行动才会有收获。马云说：“如果你不能把梦想变成现实，就会变成空想、埋怨和抱怨。我见过最多的人是埋怨的人，今天这个世界也一样，所有人都觉得社会充满了问题，所有问题都是别人的问题，跟自己一点关系都没有。梦想是虚的，但是你必须把它做实。”

不是行动之后就必然能迎来成功，创业行动的失败是常事，行动之后能扛住失败的压力，不抱怨、不放弃，这是创业者要迈过的第二道坎。

马云把失败视为创业者需要支付的“成本”：“在30岁之前，我经历的几乎全是失败，我去应聘过近30份工作，全被拒绝掉。我们一起到警察学校报名的五个人，四个同学被录取，我没被录取；跟表弟到望湖宾馆应聘，结果他被录取，我没被录取。肯德基我也去报过名，24个同学去，23个被录取，就我一个被拒。做海博翻译社，搞中国黄页，一路走过来麻烦事太多了。人家觉得阿里巴巴十一二年发展到今天这样的规模很顺利，但是我想告诉大家，我从1992年开始自己做海博翻译社、中国黄页，前面七八年所有的失败，财务上面说的‘成本’，我们早就花过了。”

马云认为成功者赢在最后一秒钟，他给员工讲了一个真实的故事说明这个道理：“阿里是当年的拳王，打遍美国南部无敌手，相当厉害，他成为美国南部冠军，也成为黑人冠军。美国北部有一个白人叫Joe Carmen（音），打遍北部无敌手。两个人决定打一场大仗，在美国拳坛上代表世界大战，代表南方和北方，代表黑人和白人。第一场拳仗白人赢了，第二场阿里赢了，两场都是侥幸。第三场世纪大战，决定在菲律宾马尼拉打。前面八个回合打得双方都认为自己要死了，到第九回合的时候，阿里说打死也不打了，Joe说他也不打了，谁都不肯上去，最后在劝说下两人再打了一下。这一回合（打完）下来之后，阿里说他输了，那个Joe说他死也不上去了，就算赢也不上去了。在关键时刻，阿里跟教练说把白毛巾扔出去，我们投降吧。教练刚刚要扔白毛巾的时候，那个Joe Carmen的教练先一秒钟把白毛巾扔到了外面。这一场阿里取胜。”

马云对创业精神的理解是：“你去看黄山的迎客松，环境不见得很好，但具有强劲生长的力量。创业者是一种精神，永远打不垮的。假如说能够靠资源和环境保障你生长，那就不存在野蛮（生长）一说了；如果我配置资源让你野蛮生长，那种出来的可能都是杂草。”

快乐工作，认真生活

本章的主题是“刚柔并济”的太极之道。三次高考、做翻译社、做中国黄页、做外经贸部网站的创业历程体现了马云“刚”的一面，没有坚忍不拔的精神，不可能有事业的成功。那么，吃苦耐劳就是马云的全部生活吗？马云还有“柔”的一面，太极图是阴阳一体的，工作和生活的切割与对立是缺乏太极智慧的表现。

马云很会在忙碌之中调剂自己的生活。马云的助理陈伟在《这才是马云》一书中回忆了一些这方面的例子。

有一天傍晚马总打电话给陈伟，说他在深圳吃大排档呢，问陈伟最近有没有什么好段子。陈伟就给他讲了两个，电话那头的他哈哈大笑，不能自已。过了一会儿，马云在电话里轻声说：“刚才笑得太响，把旁边一桌人吓着了！”

“中国黄页”成立后，马云频繁去美国出差，一开始蛮兴奋的，后来觉得累了，就让老婆张英代他去。有一天，马云来电：“陈伟，马上组织同学们活动，从今天起每晚都要活动。”陈伟纳闷马云怎么这么有空，马云回答说：“张英去美国了，要15天！我现在的感觉就像是一个叫花子突然捡到了200万元，我都不知道该怎么花了！”

马云曾多次在演讲时说过："回到家最重要的是要有一张好床，床上要有一个好人！"有一群好朋友、有一个好老婆，给艰苦创业的马云带来了快乐、驱散了孤独。

马云还经常组织自己的创业团队苦中作乐。有一年年底，员工没有年终奖还要加班。马云把员工组织起来开会，说："假如你们每人有500万元年终奖，你们想怎么花？"大家兴奋地"畅想"了近一个小时后继续工作。工作表现优异的员工肯定要奖励，但马云没钱，他就给他们"加寿"。每次总结会时他都会给这个员工"加200岁"，给那个员工"加300岁"。有位姓钱的员工"加寿"最多，共加了9000岁。他移民加拿大后有一年回国就住马云家，还跟马云学太极。他说他最开心的事就是他曾经是"九千岁"。

2009年情人节前夕，马云给阿里巴巴全体员工写了一封题为《快乐工作，认真生活》的信，在这封信中阐述了他的人生理念：

> 我觉得阿里巴巴最佳的作品应该是我们朝气蓬勃的阿里人。一批每天能把工作后的笑脸带回给家人，第二天能把生活的快乐和智慧带回工作的人！
>
> 我希望阿里人是一批有梦想、有激情，能实干又很会生活的人！把生活和工作对立起来的人一定不是真正的阿里人！至少他还不够阿里！我讨厌那些整天混日子，没有理

想，没有激情的人（犹如农场里饲养的鸡鸭），我也非常讨厌那些只会拼命工作但毫无生活情趣的人（犹如一台台的机器）！

一个不认真工作的人是不可能会有美好生活的，但同样一个不懂得生活的人是不可能工作好的！

各位阿里同事，我们要奋斗102年，我们不是一个只做12个月的公司。过度消耗我们的体力，透支我们的个人生活，我们一定坚持不住的！

我特别希望大家为了我们自己，为了我们的家人，为了让阿里巴巴真正地健康发展，请“快乐地工作，认真地生活”吧。把生活和工作弄矛盾的人一定要认真地反思！

情人节快到了，记得给你爱和爱你的人送去问候！

马云就是一个很会享受生活的人。他喜欢交朋友，喜欢金庸的武侠小说，喜欢打太极。他在2013年3月举办的IT领袖峰会上进一步阐述了这个理念：

认真生活、快乐工作，我特讨厌认真工作的人，工作不要太认真，工作快乐就行，因为只有快乐才能让你有创新，认真只会产生更多的KPI（关键绩效指标）、更多的压力、更多的埋怨、更多的抱怨，只会把自己变成机器。我们不管多伟大、多了不起、多勤奋、多痛苦，永远记住做一个实实在在、舒舒服服、快快乐乐的人，因为人才让我们最美。

正如马云所说，就算事业再怎么成功，都不会妨碍你做个快乐的人。

在35岁创办阿里巴巴时，经历多次失败的马云已经掌握了做人的基本道理、做事的基本方法，可以真正大展宏图了。正如太极拳的练习者练过了桩功，稳固了下盘，可以真正施展高级的功夫了。

PART 2

创业抉择的关键时刻，马云顺势而为

太极源于《易经》，《易经》是关于变化的哲学，太极拳的一大精髓是顺势而为。创业者需要顺应经济、社会和人性的趋势与规律来开创自己的事业。

马云颇为推崇的“红顶商人”胡雪岩说过：“如果你了解一个县的情况就可以做一个县的生意，了解一个省的情况就可以做一个省的生意，了解天下的情况就可以做天下的生意。”马云再度创业选择创办阿里巴巴做天下的生意，是因为他了解天下的大趋势。

太极源于《易经》，《易经》是关于变化的哲学，太极拳的一大精髓是顺势而为。

太极拳帅王培生讲：打太极拳要学会“橹（捋）顺毛”。捋顺毛，本指抚摸猫狗时要从头顺抚下去。如果倒着来，那猫狗会不爽，或许还会发脾气。在太极拳中学会捋顺毛，是指顺着对方的运作势力而为。这也就是《拳论》要求的“随曲就伸”“舍己从人”。

我们把自己建设好了，就一定会成功吗？不见得。我们还需要顺应经济、社会和人性的趋势与规律来开创自己的事业。不尊重客观规律一定会吃苦头，马云举了一个例子，倾家荡产、妻离子散的赌徒，出发点也是赢钱造小洋楼，让老婆、孩子过上好日子。

太极高手马云最擅长率领企业顺势而为。阿里巴巴的业务布局完全契合了时代需求，因此发展势头迅猛。2012年第四季度阿里巴巴净利润达6.4亿美元，超过腾讯的5.5亿美元以及百度的4.5亿美元位居国内互联网企业第一，2013年继续延续了领先势头。2013年阿里巴巴集团日均纳税超2000万元，纳税总额稳超70亿元，成为中国互联网纳税最多的企业。

海尔集团有句话，没有成功的企业，只有时代的企业。马云将自己的成功归结于这个时代的发展，本篇将分析马云本人是如何顺应时代趋势做事的。

了解天下的情况就可以做天下的生意

顺势而为的前提是了解天下大势。马云很注意开阔自己的视野："成长到现在为止，我比国内其他的CEO跑得多、想得多，我到处听别人的想法，看别人怎么做事做人。""你们村你们家的房子最高，可你跑到上海，一看房子怎么这么高，到纽约更要晕过去了。你没有出去看过，你没有见过大企业，没有见过真正的创业者、真正的领导者，只觉得你们家王二毛最厉害，这就是眼光不对，眼光不对永远做不大。"

马云2003年在《财富人生》节目中说："要想真正做好领导，还必须有独到的眼光，必须比别人看得远，胸怀比别人大。所以我花很多时间参加各种论坛，全世界跑，看硅谷的变化、看欧洲的变化、看日本的变化，看竞争者、看投资者、看自己的客户。看清楚后，告诉他们，这是我们自己的发展方向！你一定要比投资者更有说服力！投资者不可能跟我一样去拜访客户。然后我会拿出一张蓝图，我的同事也不可能拿出这张图来，所以我拿出这样的图时他们会觉得：好，我们就这么走！”

马云颇为推崇的“红顶商人”胡雪岩说过：“如果你了解一个县的情况就可以做一个县的生意，了解一个省的情况就可以做一个省的生意，了解天下的情况就可以做天下的生意。”马云再度创业选择创办阿里巴巴做天下的生意，是因为他了解天下的情况。

马云在外经贸部工作的一年多时间里，龙永图已接替佟志广进行加入WTO（世界贸易组织）的谈判，即“入世谈判”。马云感觉到中国未来的国际化趋势不可避免。

1999年的大年初五，第三次创业的马云召开了第一次员工大会。

面对包括自己妻子在内的十几个或站或坐的听众，马云滔滔不绝讲了三个小时。关于创业原则，大家比较同意。马云说：“启动资金必须是pocket money（闲钱），不许向家人朋友借钱，因为失败的可能性极大。我们必须准备好接受‘最倒霉的事情’。但是，即使是泰森把我打倒，只要我不死，我就会跳起来继续战斗！”留足一年的生活费后，大家一共凑了50万元，这就是他们的创业资金。

关于创业方向，大家有不同意见。马云的想法是做一个BBS（网上论坛），让那些中小企业在同一个网络平台上发布信息，以促成买卖双方的交易。反对者则认为，应该效仿雅虎和新浪，做一个门户网站，既然大家都去做，证明大家都看好。最终马云一锤定音：“大部分人看好的东西，你不要去搞了，已经轮不到你了！”

关于创业目标，大家的反应是非常迷茫。因为马云的目标太大了：第一，将来要做持续发展80年的公司；第二，要成为全球十大网站之一；第三，只要是商人，一定要用阿里巴巴。

当时在场的金建杭回忆说：“对我们这十多个人来说，提出做80年的公司，我们觉得这个目标好像跟我们没有关系，离我们那么远。说全球十大网站，打死也没有人相信，就凭十多个人，你要做全球十大网站之一？人家可都是几十亿美元的投入！所以也觉得不靠谱。只要是商人就要用阿里巴巴，这个比较合适，但这也是永无止境的目标。”

虽然迷茫，但大家还是忙碌起来了，那段日子简单、充实、快乐。最初的员工之一彭蕾在阿里巴巴成功之后经常回忆创业之初的那段时间：“那个时候的一切都比现在美好。当你没有钱、条件也没有那么好的时候，那种快乐就特别清晰。”

判断风险投资的太极式辩证法

1999年3月份，阿里巴巴的网站推出，这是一个企业对企业的网上贸易市场平台。阿里巴巴上线第一天，就有了几十个客户。不久，每天能增加一百多个客户。半年下来，居然积累了两万个客户。这是在没有做任何对外宣传的情况下实现的快速增长——马云要求“六个月内不主动对外宣传，一心一意把网站做好”。

阿里巴巴快速成长的大背景是中国外贸正在强势崛起。1999年11月15日，中美两国政府在京签署关于中国加入世界贸易组织的双边协议，并发表新闻公报。中国“入世”迈出重要一步。阿里巴巴成立于1999年，可谓恰逢天时。

阿里巴巴还幸运地赶上了另一个天时：互联网风险投资高峰期。

阿里巴巴初创时大家凑的50万元，本打算坚持十个月，但没过几个月，就一分不剩了。于是，创业者们不得不熬过了两个月没钱、没盼头的日子。当时他们穷得连打车都选夏利，舍不得多花几块钱坐桑塔纳。但在1999年前后中国互联网启蒙运动的大潮中，国际创投们纷纷用“热钱”表达他们的热情，所以，融资并非一件难事。

就在穷得叮当响的时候，马云还悍然拒绝了38个投资商。他的理由是那些投资太过短视或功利，甚至要直接干预经营。很多企业为了活过那两个月，可能就选择引进投资了。但马云不是这样，他认为宁缺毋滥。因为他想做的是一个能活80年的大企业，不能从小就种下病根。

阿里巴巴的“资金饥渴”在投资专家蔡崇信加盟后得以缓解。

蔡崇信拥有耶鲁大学经济学及东亚研究学士学位、耶鲁法学院法学博士学位，在华尔街混迹多年，1999年担任瑞典银瑞达集团副总裁，年薪70万美元。本来想投资阿里巴巴的他与马云深谈了四天之后，被马云的人格魅力和阿里巴巴商业模式的发展前景深深吸引，毅然辞职加盟阿里巴巴，每个月拿500块钱的工资，从零开始与这个团队一起创业。

蔡崇信加盟后为阿里巴巴干了两件大事。

其一，蔡崇信向阿里巴巴的第一批员工讲股份、讲权益，并拟出18份完全符合国际惯例的英文合同，让马云等“十八罗汉”签字画押。这让阿里巴巴从一出生就逐渐正规化、国际化。“理想”“义气”，再加上明晰的利益，维系了这个团队多年的创业激情。

其二，蔡崇信利用他的国际人脉为阿里巴巴融到了第一笔风险投资。1999年10月29日，由高盛公司牵头，新加坡亚汇基金管理有限公司、瑞典银瑞达集团、新加坡科技发展基金联合向阿里巴巴投资500万美元。

就在500万美元到账的第二天，马云就有了第二次融资良机。

1999年10月30日当天，孙正义联合了中国国内的几家机构举行一个项目评估会，打算挑选一些有潜力的公司进行投资。

此时的孙正义已经是国际知名的“电子时代大帝”，互联网投资界的帝王级人物。他最知名的投资是全球头号门户网站——雅虎。

马云之前就和雅虎的创始人杨致远打过交道，杨致远还一度打算拉他入伙。如果创办还不到八个月的阿里巴巴能获得孙正义的投资，在资金、人脉、经验、知名度等各方面都将明显受益。马云后来曾表示："我们阿里巴巴也要做一个世界品牌，孙正义有过这样的经验，我觉得挺好，这是其他人不能比的。"

幸运的是，由于刚拿到500万美元，马云的心态比较从容。当孙正义问他需要多少钱时，他回答说自己"不缺钱"。而孙正义十分看好阿里巴巴的商业模式。他对马云说："你们这个公司能做成全世界一流的网站，要做，要做，就你们这个网站有希望。马云，我一定要投资阿里巴巴。"

谈判的一方主动，一方从容，这显然对从容者有利。马云提的一些条件得到了满足，孙正义亲自担任阿里巴巴的顾问，有一些投资是孙正义自己的钱（而非简单的公司行为），还有就是孙正义的投资从3000万美元降到了2000万美元，阿里巴巴出让的股份是30%。

如果不是1999年互联网投资大潮时拿到的2500万美元，阿里巴巴熬不过之后几年互联网泡沫破裂的艰难岁月。在暂时不缺钱的时候说服公司高管接受孙正义的2000万美元，是马云独到眼光的又一次证明。

没钱时拒绝38个投资商，有钱了却坚持引入更多投资，这是典型的太极式辩证法。

看准趋势后像乌龟一样有耐心

2000年3月10日纳斯达克指数达到5048.62的最高点，比1999年翻了一番还多，互联网泡沫在此时到达顶峰。那是一段拼命烧钱以扩大知名度和市场占有率的疯狂岁月。2000年1月17日举行的美国第34届超级碗，吸引了17家网络公司的赞助，每家为30秒钟的广告支付了200多万美元。2000年4月15日，一家CBS支持的网站iWon.com在CBS一档黄金时段播出的节目中，就送给了一位幸运的参赛者1000万美元。

太极哲学强调的阴阳转化、盛衰循环的道理也适用于互联网。

从2000年3月开始，投资者纷纷开始清盘。仅仅6天时间，纳斯达克指数就损失了将近470个点，从3月10日的5050掉到了3月15日的4580。缺乏优秀业绩支撑的互联网泡沫由此开始破裂。大多数网络公司在把风投资金烧光后停止了交易，许多甚至还没有赢利过。

2001年1月第35届超级碗举行期间，仅有三家网络公司购买了广告——与2000年形成了鲜明的对比。

阿里巴巴在这段时间能活下来有几个重要原因。

一是马云很快停止了盲目烧钱扩张的行为。

孙正义的投资到位之后，阿里巴巴迅速开始国际化。作为一家做国际贸易的互联网公司，这似乎是天经地义的。美国硅谷、中国香港、伦敦等国际大都市很快有了阿里巴巴的办事处，其员工也来自13个国家。阿里巴巴甚至干脆把总部从杭州搬到了香港，马云也跑到香港去上班了。

2000年9月，马云宣布：公司进入高危状态！马云随后进行了战略收缩，裁员并关闭海外事业部，只保留香港事业部进行财务运作。

马云曾回顾这个决定："那时我们发现了一些问题，在美国设立公司犯了战略性错误，我们在美国的机构扩张得比较大，也很迅速，而这个机构对我们的用处不太大，因此一个月内就把这个机构给关闭了。"当时互联网处于起步阶段，中国的网民数量据统计仅为630万，除去政府机关事业单位、大学生和互联网精英，真正的中小企业老板是不多的。在潜在客户还不多的时候，阿里巴巴把摊子铺得这么大确实很浪费。

马云的决定顺应了当时的国际大环境。受金融危机影响，当时全球外贸不太景气。比如2001年全球经济进入衰退期，世界贸易增长从2000年的12.4%急速下跌到了1%，发达国家的进出口贸易在2001年第二季度开始呈现衰退趋势。

2001年1月，马云及其高管团队做出重要的"三个B to C"的战略决定：Back to China（回到中国），Back to Coast（回到沿海），Back to Center（回到中心，即把杭州作为总部）。马云的思维是：“在别人最冷的时候，我们把门关起来，去把我们的产品做好，等春天来的时候，我们就会有所收获。”

不逆天行事，而是顺势而为，这是太极智慧。

阿里巴巴活下来的第二个原因是马云对电子商务发展前景的坚定信念。

曾有人问马云：“为什么阿里巴巴当时选择了电子商务，而不是当时其他人所看好的赚钱方式？”他的回答是：“只有电子商务才能改变中国未来的经济，我坚信人们进入信息时代以后中国完全有可能成为世界一流的国家，无论是在政治、军事，还是文化。阿里巴巴成立的时候我说过，我们相信中国一定能进入WTO，而中国的腾飞又是以中小企业的发展为基础的，我们用IT武装它们，帮助它们腾飞，也帮助自己腾飞，公司也能赚钱。”

马云为自己坚定看好的电子商务付出了无数心血。

在创业早期，马云举办了很多会员见面会，“蛊惑”更多的商人上阿里巴巴网站。马云曾回忆那段艰苦的创业时光：“1999年、2000年、2001年，大家很少在中国市场听到阿里巴巴的名字，我们的基本活动是在欧洲和美国，在欧洲和美国做了很多演讲。我记得最惨的一次演讲是2000年我们在德国组织的一次演讲，1500个座位结果只来了三个人，我也很丢脸，但是我觉得这没有办法，只能一个人跟他们讲。那时候做推广很累，因为我们觉得阿里巴巴这个国际网站的主要目的是帮助中国企业出口。如果要出口，海外必须要有买家，如果没有买家，这个出口就是假的。”

再苦再累都坚持推广阿里巴巴，是因为马云认定了电子商务是大势所趋。

阿里巴巴的这种模式在美国是没有的，因为当互联网在美国兴起的时候，产业的整合已经成熟。而中国还在产业发展初期，就出现了多对多、小对小的电子商务模式。马云曾借哥伦比亚大学教授的话为阿里巴巴证明：“当前世界互联网的五个典型企业，跨媒体多平台以AOL（美国在线）为典型，B2C（Business-to-Customer，商对客的电子商务模式）以亚马逊为典型，C2C（Customer-to-Customer，客对客的电子商务模式）以eBay（美国一家线上购物网站）为典型，门户以雅虎为典型，B2B（Business-to-Business，商对商的电子商务模式）今天以阿里巴巴为典型。亚洲人走出了一个为亚洲企业服务的电子商务典型，并为世界IT界所认同。”

马云在2001年回答网友提问时说：“我一直对互联网和电子商务充满信心，从一开始，阿里巴巴就认为互联网是一个长征……我相信互联网和电子商务不会在一两年内成功，可能要花10年、20年。开始容易，继续难。在这个长征里，只有你的心很坚定，眼界很开阔，才能把高兴和不高兴的事看轻；只有把钱看轻，才能赚到大钱；只有给别人带来价值，才能赚到钱。”

对于2001年的互联网低潮，马云回答网友提问时说：“我一如既往坚定地相信互联网，但不相信它在很短的时间里会像人家说的那么好，我们需要时间，好东西需要我们用更多的时间和耐心去等。我说过，在互联网时代，你必须跑得像兔子一样快，又像乌龟一样有耐心，善始未必善终。

“我认为只要有冬天，就会有春天，除非是像新加坡那样的热带城市。互联网和所有的新生事物一样，有成长的烦恼……消化需要时间，幸运的是它正在恢复，在回暖。今天，你可能看不到潮流，但你能感觉到。你可能不喜欢我的回答，但是这是我心里想的。”

2001年，有些人攻击阿里巴巴，说它不是电子商务，说如果不能在网上实现资金电子划转的话就不叫电子商务。在新浪论坛上，甚至有人说，如果阿里巴巴能够成功，无异于“把一艘万吨巨轮放到珠穆朗玛峰上”。华尔街的分析师追问阿里巴巴如何赚钱，如果不能赚钱，这个网站还有什么用?

面对种种质疑，马云正面回应：“网络是非常不景气的，我这些年走过来，听到很多人骂阿里巴巴一分钱不赚，什么也没练好，皮倒是练得很厚。自己在‘外练一层皮，内练一口气’。1995年做网络，人家认为我们是骗子；1997年提出中国黄页，人家认为我们是疯子；现在人家认为我们是狂人。不在乎别人怎么说，坚持自己是对的就做下去。冤枉、误解在网络中是很正常的。我自己觉得，皮倒真是越练越厚了。”“钢铁是怎样炼成的？我们做网络，各种各样的投资者都有自己的看法，有员工对我们的看法，也有评论界的，特别是互联网的评论家。中国的互联网评论家数量远远超过世界上任何国家，而且他们的积极态度也是超过任何地方的。我们看网上网民的各种评论很多，评论家多了，这个模式行那个模式不行，众说纷纭。网络现在的变化非常快，半年以前B2C刚刚热起来，过了三个月突然说B2C不行了；做B2B，B2B还没弄清怎么回事，又去做基础设施，变成ASP（动态服务器页面），现在ASP没搞清楚，又不流行了，这就是网络在不断地变化。如果变化过程当中太在乎别人怎么评价你，你可能真的什么也做不好了。”

就在质疑达到高峰的2001年，阿里巴巴的注册商人会员在年底突破100万家。这个数字有力地支持了马云的选择。

支持马云选择的还有中国的入世。2001年11月10日晚23时34分（光棍节前夕），世界贸易组织第四届部长级会议审议通过了中国加入世界贸易组织的决定。一个月后，《中国加入WTO议定书》正式生效，中国成为WTO成员国。

中国入世时机已经成熟，因为中国的制造型中小企业已经大批涌现。北京长城企业战略研究的《中国科技发展报告》认为：“国有大型企业能够更好体现制造业规模化生产的优势，但上升空间有限；而小型企业中，新兴的民营制造企业代表制造业新生力量，近年发展迅速，是‘中国制造’崛起的主要推动力量，也是今后发展的主要动力。”

《中国经营报》在一篇述评中写道：“‘中国制造’是2002年的某一夜冒出来的新名词，或者说它是一个老词，但在2002年被一下子激活，并赋予了新意，在世界经济发展萎靡不振的前提下，中国经济欣欣向荣，由于全球经济一体化和比较优势等多种原因，使世界越来越感到了中国的存在和力量。”“正如大国的兴衰印证的是制造业的兴衰一样，从曾经的日不落帝国大不列颠到当今全球唯一的超级大国美利坚，从挑起两次世界大战的德国到创造东亚奇迹的日本，无一例外。即使是后来的东亚‘四小龙’，也莫不以制造业为发展的开路先锋。如今，世界经济一体化的浪潮，把制造业这个机会推到了中国的门前。”

经过近四年的坚守，阿里巴巴迎来了收获期。2002年年底，阿里巴巴现金盈利冲破600万元。2002年5月马云荣登日本最大的《日经》杂志封面人物，《日经》杂志高度评价阿里巴巴在中日贸易领域里的贡献：“阿里巴巴已达到收支平衡，成为整个互联网世界的骄傲。”

阿里巴巴赢利的背后是中国经济大环境的明显改善。2002年，三万家外商投资企业在中国落户，吸引外资500亿美元，比上年增长14%；全年的国内民间投资增长幅度达到18%，是上年增速的两倍，在浙江、广东等省份，民间投资占到全省社会投资总额的60%；外贸出口增长超过20%。

马云对此有着清醒的认识，2007年他跟公司老员工讲话时分析说："凭什么我们可以变成百万富翁，就因为在阿里巴巴干了五年吗？而且这五年以内，我们也没有受亏待，公司没有亏待我马云，公司也没有亏待任何员工。你说你勤奋，我说比我们勤奋的人，别说中国，在杭州都不知道有多少。比我们聪明的人就更多了，凭什么？如果我们觉得，我们太能干了，这么有出息，那我觉得我们全错了。我要感谢的是这个时代，我们真的应该感谢这个时代，感谢中国、感谢互联网、感谢电子商务……"

看准了趋势之后，并不意味着一帆风顺，这个时候需要的是对这份事业的坚定信念，这样才能赢得将来大趋势带给你的大回报。

一个大趋势足够一家企业发展很多年，2011年马云在公司内部会议上强调要继续做中国小企业的生意："我们可以想清楚，中小企业一定需要互联网服务。把互联网技术、互联网服务用好了，就能够帮助别人做成生意，就可以形成我们的独特价值，这就是我们的定位。这个市场太大，这个市场也太富有潜力。""中国的小企业数目是全世界最多的，全世界70%～80%的企业都是小企业，这个市场一定存在，比今天阿里巴巴的市场至少要大1000倍。今天的阿里至少可以再大1000倍，能不能做大在于我们有没有创新，有没有强大的执行力。”

创业期遭遇困难时不放弃企业定位是专注和耐心；做了十几年小企业生意的阿里巴巴仍要继续做好小企业的生意，这也是专注和耐心。

华为总裁任正非也强调公司要像乌龟那样专注和耐心。“‘乌龟精神’是指乌龟认定目标、心无旁骛、艰难爬行，不投机、不取巧、不拐大弯弯，跟着客户需求一步一步地爬行。前面25年经济高速增长，鲜花遍地，我们都不东张西望，专心致志；未来20年，经济危机未必会很快过去，四面没有鲜花，还东张西望什么？聚焦业务，简化管理，一心一意地潇洒走一回，难道不能超越？要像乌龟一样坚定不移往前走，不要纠结、不要攀附，坚信自己的价值观，坚持合理的发展，别隔山羡慕那山的花。”

附录：阿里巴巴要是不坚持，到现在早没了

《赢在中国》中有一位新疆赛区入围选手谭曼生。他在面临三次创业失败后，想要自杀，在网上写了遗书。这个选手很崇拜马云，尤其欣赏“用左手温暖右手”这句话。因此，雅虎财经的记者就此事件采访了马云。

马云在采访中说道：

第一反应是不相信，我刚刚从会场出来，然后我马上上网看了看，因为我一开始还想过是不是一个假事儿，但我仔细看了一下他的博客以后，我觉得我特别想跟他和所有想创业的人讲几句话。

第一，如果有100个人创业，其中有95个人可能会失败，剩下的5个人呢，4个人是我们看着他已经快要失败了，还有一个是可能成功的人。所以说失败是绝大部分创业者一定会碰到的问题。

第二，我觉得创业者要有这样一种境界：痛苦地坚持，快乐地去死。创业的过程是痛苦的，你要不断地克服一个又一个的困难，获得更大的成功；百年以后，当你死的时候，你会觉得很快乐：人的一生，我奋斗过了，我得到了快乐。从创业的第一天起，任何一个创业者都要有这个心理准备：每天要思考自己未来的10年、20年要面对什么。要记住，你碰到的倒霉的事情，在这几十年遇到的困难中，只不过是很小的一部分。

第三，要有心理准备。要想好未来的路怎么走，未来的路上有什么挫折。我不想安慰谁，现实确实就是这样，阿里巴巴一路走来，从阿里巴巴B2B到淘宝到支付宝，一直这样坚持下来，遇到了所有中国的创业者和世界的创业者都会面临的困难。

我看了看他写的那些东西，我是这么看的，他只不过是运气不好，称不上是倒霉。把一个一个挫折灭掉，这是创业者最大的快乐。

在1999年以来，特别是从2000年下半年开始，阿里巴巴这几年走过的路，说出来，那比他（谭曼生）这两天碰到的事难多了，但是我们活过来了。为什么我的座右铭是“永不放弃”？因为这世界上最大的失败就是放弃，放弃其实是最容易的，所以我想跟他讲的是，活着就是胜利。这个世界上最痛苦的是坚持，而最快乐的也是坚持。阿里巴巴要不坚持，到现在早没了。

（当遇到很多的挫折、很多的磨难的时候，）我会静下心来，想想方向是不是对的，调整一下自己，但是不会放弃自己创业的梦想，是要想一下自己走的路对不对，方法对不对。

要用自己的双手温暖自己，困难是需要自己克服的。没有亲身经历过困难的人，都不会克服更多的困难。永远不要跟别人比幸运，我从来没想过我比别人幸运，我也许比他们更有毅力，在最困难的时候，他们熬不住了，我可以再多熬一秒钟、两秒钟。

附录：马云当年怎样“忽悠”客户使用电子商务

马云在2001年第89届广交会阿里巴巴会员见面会上的演讲很能体现其活跃的推广思路。

首先，马云举例说明再落后的产业都能靠阿里巴巴网站赚到钱。

我们在中国的发展也不错，现在阿里巴巴中文网站的会员有36万，成功的案例越来越多。给大家讲个故事，这是两个月前，浙江省衢州市委书记带着参加浙江省两会的代表来感谢阿里巴巴，在阿里巴巴考察时讲的故事。有一阵我们突然发现我们网站上有三四百个农民上来发布信息，卖大蒜的、卖鸭子的、卖兔子的，什么都有，而且信息发布得很简单——“我卖兔子”，成群结队地过来，我们不知道发生了什么事，直到他们的市委书记来过以后才知道原因。

衢州是浙江比较偏远的地方，当地政府知道要把他们的产品卖到外面最好的办法是通过网络，所以市信息化领导小组办公室做了一个调查：他们找了全世界40个商业网站进行测试，发布同样的信息出去，经过一个半月测试，75%的反馈是从阿里巴巴来的。于是他们就跟农民讲，用阿里巴巴。有些农民不相信，刚好衢州建高速公路到一个村，村口有两棵大树，要么砍掉，要么搬走，农民就说如果你能用网络把这两棵树弄走，我们就用。办公室的人回去后，真的在阿里巴巴发了一条信息，两个星期以后，金华有人把树买走了。树一买走，农民就相信了，这个东西真管用，就一哄而上，有一个公司为400户农民卖出了价值1200万元人民币的兔皮。

马云再从全球化角度说明阿里巴巴对于中小企业的重大意义。

一次到瑞士达沃斯参加世界经济论坛，我感觉好像进了监狱。很多人游行示威，抗议经济全球化。后来我在《华尔街日报》写了篇文章，认为经济全球化是个好事情，以前做坏了，以前只有大公司才做得到。大公司有钱、有技术、有能力在世界各地设厂，搞办事处。而今天互联网是给中小型企业提供机会。中小型企业可以通过网络把产品打到世界各地。所以现在许多企业不在国外设立办事处，而在阿里巴巴建立网站来找它的买家和卖家。网络使中小型企业迅速走向全球。

马云还从中国和亚洲的文化特色角度出发论证阿里巴巴商业模式的合理性：

1999年3月，我去新加坡出席亚洲电子商务大会，发现85%的演讲者是美国人，85%的听众是美国人，举的例子全是美国的。我觉得这里面肯定有问题，我就站起来说，我也不知道问题是什么，但我觉得“亚洲是亚洲，美国是美国，中国是中国”。当时我有一个想法就是要找出一个中国和亚洲特色的东西。

首先，我发现亚洲企业有一个特点，就是“宁为鸡头，不为凤尾”，大家都想自己做老板。其次，互联网的特色是个性化，而不是集团化。网络的用户是以个人为中心，而不像EDI（电子数据交换）时代那样以企业为中心。

我另外一个发现是，大家在游长城时总喜欢在城墙上写上“××到此一游”，这表明BBS是亚洲喜欢的东西。我还有一个观点是互联网时代不是信息太少，而是信息太多，所以我觉得要做一个信息精，做一个亚洲任何企业都会用的东西，为中小企业服务。美国的模式是以大企业为主，它们的工作是把自己的供应商搬到自己的网站上来，它们一套软件要100万美元。中国没有多少企业买得起100万美元一套的软件，即使买得起，也不一定用得好，中国企业的流程不一样。中国特色的B2B就是Business People-to-Business People（商人对商人）。

淘宝网的飞速发展不是因为我们伟大，是趋势的力量

根据世界银行的统计，2002年中国的人均GDP已达到1135美元，超过1000美元标志着中国社会已经初步实现了小康。小康社会的消费力意味着中国零售业的黄金时代将要开启。马云自然不会错过这样的大趋势。

2003年5月，在小企业电子商务领域站稳脚跟的阿里巴巴投资一亿元人民币建立个人网上贸易市场平台——淘宝网。

当时淘宝网已经有一个较为强劲的对手——易趣网。1999年，易趣网由毕业于哈佛大学商学院的邵亦波及谭海音在上海创立。2000年2月，在全国首创24小时无间断热线服务，2000年3月至5月，与新浪结成战略联盟，并于2000年5月并购5291手机直销网，开展网上手机销售，使该业务成为易趣的特色之一。2002年3月，全球最大的网上交易平台美国eBay公司注资3000万美元，与易趣结成战略合作伙伴关系。2003年6月，eBay向易趣追加1.5亿美元的投资。

eBay易趣貌似非常强大，但仅仅两年时间，淘宝在与eBay易趣的战争中就占了上风。

淘宝胜利的关键是它比eBay易趣更懂得中国人的消费心理，并做到了顺势而为。

中国人或者说全人类都爱占便宜，免费是淘宝的第一个撒手锏。

当时其他在线拍卖网站的收费方式主要包括：交易服务费，成交以后收取2%左右的服务费，不成交不收费，为了收取交易费，eBay易趣还尽量限制会员的即时交流和沟通，以避免他们在线下交易；登录费，在线上传的商品都涉及0.1元到8元不等的登录费；推荐位费（橱窗展示位），置顶或者排在首位等各种各样的推广费用。

截至2003年年底，彻底免费的淘宝吸收了大约30万注册会员，其中也包含了一部分eBay易趣的会员。

2006年，已经完胜eBay易趣的淘宝推出了“淘宝商城”（即后来的“天猫”），这是为了赢利而准备的商城。先免费后收费，淘宝的策略远胜于易趣。

本土化服务是淘宝的第二个撒手锏。

淘宝是本土作战，eBay易趣本来也是本土公司，但成为eBay的子公司以后，就丧失了这个优势。eBay总部简单地把美国化等同于国际化，粗暴地把高管空降到中国，这些人不熟悉中国市场，简单地把在美国的一些做法照搬到中国来，结果水土不服。

典型例子是2004年9月，eBay易趣决定实现易趣国内平台和eBay国际平台正式对接。

在易趣“升级”过程中，由于整个平台从页面形式、交易程序、信用评价机制等方面都向eBay国际网站转型，很多习惯了国内网站业务模式的老用户感到非常不适应，纷纷决定“搬家”到淘宝。而且对接后的eBay易趣的系统性能非常不稳定，掉线的事情时有发生，这进一步加深了老用户的失望情绪。

eBay易趣在得罪客户，淘宝则在“讨好”客户。

淘宝成立之初，马云就将阿里巴巴“客户第一”的价值观移至淘宝。他频繁地与自己的会员进行各种各样的沟通，搜集各种各样客户的需求。为了一个问题，马云可以在论坛里跟淘宝的会员泡到深夜。因此淘宝的服务跟易趣比是很人性化的。例如“淘宝旺旺”可以让买卖双方即时交流；易趣的社区没什么装饰，淘宝的论坛比较清晰明了，且运用了大量的主题色块，无论是查找帖子还是翻阅都较为轻松；个人签名与图片也是淘宝论坛较为吸引人的特点之一。

淘宝迎合客户需求的一个重大举措是推出了“支付宝”。eBay易趣的网上卖场只提供交易平台，对买卖双方并无绝对的约束力，如果货款或是商品出现了问题，风险只能由买卖双方承担。较大的风险限制了中国网络零售业的快速发展。

2003年10月，运营仅半年的淘宝试探性地发布了“支付宝”服务——买家将货款打到支付宝账户，由支付宝向卖家通知发货，买家收到商品确认后，指令支付宝将货款发放给卖家，至此完成一笔网络交易。这种“第三方担保交易模式”无疑大大降低了网络交易的风险，彻底打消了中国用户对在线购物的怀疑，由此淘宝的会员注册数和成交率节节攀升。

到2010年12月，支付宝公司宣布用户数突破5.5亿。为了淘宝的发展，阿里巴巴又设立了支付宝这家大企业。根据市场需求顺势而为，可以快速创造巨大的商业价值。

本土化推广是淘宝的第三个撒手锏。

2004年易趣斥资近3000万元，在各大城市做电视广告，还在国内所有门户网站首页做最昂贵的弹出式广告，据说唯一的条件是该门户要封杀淘宝广告。

eBay易趣推广网络购物其实也有利于同样做网络购物的淘宝网。马云评论说：“我们希望eBay易趣用在推广方面花钱越多越好。如果eBay易趣不花这个钱，那么培育市场的工作就得淘宝来做，我们就必须得花这个钱，现在eBay易趣花了这个钱，把市场培育起来了，淘宝就只需赢过eBay易趣就行了。”“世界上竟有这么好的对手，真是太让人兴奋了。”

淘宝不用推广网络购物这个理念，但关于网站自身的推广还是要做的。门户网站不能做，淘宝就在被eBay易趣忽略的大量的个人网站做广告，它们的报价很低，推广的性价比很高——这是马云从“农村包围城市”战略中得到的启示。此外，淘宝做的还有户外路牌、公交车厢和地铁站台广告，甚至电影《天下无贼》里都有淘宝的影子。高频率、高密度的广告投放迅速提高了淘宝的知名度。

淘宝网推广的最大亮点是事件营销。2003年淘宝几乎每隔三周就要搜罗出某个数据，标榜自己又“灭”了eBay易趣一次。2003年7月，成立仅两个月的淘宝网宣布它已“打败”eBay易趣，在个人交易的众多关键指标上跃居中国第一位；当eBay易趣完成与eBay全球交易平台的对接时，淘宝网再次向其发起挑战，称其人均交易额已经达到eBay易趣的三倍。两次挑战与论战是淘宝网最好的广告。

马云曾将eBay、雅虎、谷歌等互联网国际大鳄比作海洋里的鲨鱼，阿里巴巴则是扬子鳄。“如果在长江里战斗，我们比他们更有机会。”

本土化是商业的基本规律，顺应规律做事正是太极拳精神的一大原则。

马云愿意投入大量财力和精力到淘宝网，因为他看到互联网是大势所趋：

互联网其实是对传统行业的颠覆。人类最早是用蜡烛、煤油灯来照明的，电出来以后，人们半信半疑，电怎么用，用两分钟就停掉了。后来时间长了，所有生产煤油灯的厂都被搞死了。谁最早开始转型谁就会拥有新的机会，这是心理的转型，转型是很痛苦的。

淘宝太可怕了，我自己也觉得可怕，第一年8亿，第二年80亿，第三年160亿，第四年430亿，今年1000亿，明年要做2000亿，你说传统行业不是做死人了吗？它是一个趋势，不是我们伟大，再伟大也搞不出1000亿。那是趋势，没有办法。

1998年信息产业部让几家咨询公司预测2004年中国手机用户会达到多少。总共八份报告，最过分的报告说2004年中国手机突破7000万部。说什么呢，7000万部？2000万台蛮好了。2007年到现在为止手机多少？5.7亿部。这就是生活的变化，社会的变化。

我今天跟大家讲，新的东西谁先抢占是关键，这是我今天要跟大家讲的，不是忽悠大家。我们这一辈子，看得到未来世界取代以前的世界，我们可能没有什么，但是假设我们企业要走20年、30年，就必须挑战自己。我们要看到五年以后的灾难是什么。

马云认为企业领导者的任务就是看清大趋势，他曾对部下说：“我如果做你们的工作，那就完了。我的工作是看清楚整个未来的局面。我不懂互联网技术，但是我必须要看到互联网真正的商业价值和未来趋势在哪里。”

万科地产总经理郁亮说：“没有所谓成功的企业，只有这个时代允许存在下来的企业。为什么我之前老说万科没核心竞争力，因为市场和行业瞬息万变，没有什么灵丹妙药能一直保证企业高枕无忧。在没有破坏性创新、没有颠覆性创新的时代，核心竞争力是可能的，靠精益求精、日积月累，就可以做到。在一个破坏性创新的时代，核心竞争力没有可能。”企业要做的不是建立核心竞争力，而是不断发现和利用时代趋势。

企业存在的理由是能满足社会需求，因此能否看清社会需求的变化趋势是企业存亡的根本，发现趋势、顺应趋势是企业家的根本竞争力。

移动互联网趋势与马云的危机感

随着消费者的日益年轻化和智能手机的日益普及，移动互联网的大潮汹涌而至。

马化腾认为：“移动互联网远远不止是一个延伸，这是一个颠覆。看过去的PC（个人电脑）互联网都已经不太算互联网了，移动互联网才算得上是真正的互联网，甚至以后每个设备都能连上网络，人和设备之间、设备和设备之间一切都互相影响起来，这还有更大的想象空间。”

在移动互联网的冲击下，基于PC端互联网的传统商业模式正面临着“死在沙滩上”的风险——2013年，微信商城蚕食到了淘宝网的交易；增长势头迅猛的微信支付也抢占了支付宝的生意，微信支付已经涵盖自动售货机、微信打印机、嘀嘀打车、线下零售百货、电商网站等，2014年年初，微信与支付宝的发红包大战是双方争夺用户的最新案例。

微信5.0上线之前，阿里巴巴宣布将屏蔽微信淘宝客户端类营销应用数据接口。接着，十多款微信淘宝客户端应用在瞬间被“淘宝卖家服务”平台撤下。自2013年8月9日起，淘宝网新发现的含有外链二维码的图片将无法使用，9月10日后淘宝全面屏蔽外链二维码图片。

微信上线后支付宝与其展开了激烈竞争，一个重点竞争领域是打车软件，它们都想通过补贴打车软件扩大自己的移动支付客户规模。

2014年1月初，嘀嘀和快的展开打车补贴大战，快的对乘客补贴10元，对司机补贴15元，嘀嘀对司机每次补贴10元，对乘客每次补贴10元；2月10日，打车补贴战进入第二回合，嘀嘀打车财力不支，将返现额度减为5元，快的则保持不变；2月17日，嘀嘀恢复乘客补贴10

元的政策，快的宣布永远比其他软件多减1元；2月18日，嘀嘀打车越战越勇，宣布乘客最高补贴20元，对每周使用微信支付车费十次以上的用户，赠送时下最热门微信游戏“全民飞机大战”中的高端战机一架，而快的不甘示弱，宣布乘客每单最少减13元，每天两次。

支付宝和微信花费数亿元推行免费打车，醉翁之意不在酒，目的是挖掘潜在的有实力的移动支付用户，例如新开发的用户将来可以使用微信支付购买机票、交水电费、在微信平台购物等。为了遏制微信未来的扩张，支付宝必须立即重拳出击。

打车是高频率的支付运用，餐饮的支付频率就更高了。腾讯在2014年2月被各家媒体和机构传出入股大众点评网。阿里巴巴已经是大众点评对手美团网的支持者。腾讯的消息传出后，阿里巴巴进一步加大了这方面的投入，于2014年2月17日宣布，将在全国20个城市招募服务商合作伙伴，先期补贴上亿元，加速推进其移动餐饮服务平台“淘点点”在各地外卖、点菜商户中的普及，共同打造餐饮O2O（Online-To-Offline，线上线下融合服务。）（将线下商务机会与互联网结合的商业模式）生态圈。

比打车和餐饮更需要争夺的蛋糕是商场的POS机终端——在大型商场、购物中心直接移动支付。例如腾讯牵手中国知名百货零售商王府井百货，王府井百货将在微信上运营一个公众平台，微信用户可以查询和通过微信支付购买其产品，此举可能会很快给腾讯开拓新的重要收入渠道。

2014年，阿里巴巴、腾讯的团队正在大手笔出击，到处谈移动支付，明显加大了向商场POS进军的力度。3月8日，天猫携线下大量品牌商在全国十个城市进行地毯式O2O联合推广，活动的最主要目的是借机让线下各品牌、百货、购物中心接入支付宝支付。

除了全力封杀微信、进行支付业务的直接拼杀，一向富有危机感的马云也积极部署移动互联网生态圈，力图在服务业的电子化新时代胜出（1999年创办的阿里巴巴网站抓住的是制造业电子商务的机会）。马云在央视《对话》节目中表示，生活服务类电商如同早上五六点钟的太阳，将来做起来的希望绝不低于制造业、零售业。

什么是服务业的电子化，我们可以通过IT评论家张小宝的一段生动描述做个简单了解："想象朋友约你吃饭，你关了对话框就能直接查询附近的餐厅，根据网友评价做出决策，下载优惠券，用支付工具购买团购项目，最后顺理成章点击地图开始导航，吃完拍照分享——方便、快捷、实惠，现金都见不到五毛，只是打开一个APP的事儿。这就是O2O，线上线下联手赚你钱，还让你心甘情愿。在智能手机逐渐普及的当下，O2O仍是一块有待开垦的处女地。"

马云一方面通过投资来做布局，阿里巴巴投资了新浪微博、高德地图以及UC浏览器，另一方面阿里巴巴还内部研发了即时通信工具“来往”。

UC浏览器目前是中国最受欢迎的第三方智能手机浏览器的运营商。中国互联网几大巨头都和UC谈过合作，最终阿里巴巴胜出。早在2009年，阿里巴巴就对UCWeb进行了战略投资。2011年4月，UC优视公司与支付宝签订战略合作伙伴协议，推出可实现浏览器内支付的移动安全支付解决方案。

在百度和UC开始谈判之后，阿里巴巴一直在UC董事会层面对此交易表示反对。2013年4月，阿里以高出百度的价格收购了晨兴创投等其他风险投资的股份，在UC董事会成为大股东。百度又丧失了一次在移动互联网领域卡位的机会。马云对于UC的想法很简单，马云并不需要控制权，也不谋求进一步超过50%的份额实现绝对控股，给你钱就是支持你独立干，只要你不卖给百度。

UC浏览器在中国每季度活跃用户数达到了三亿，该公司有潜力将大量移动流量引向阿里巴巴提供的服务。UC浏览器还运营着一个备受欢迎的移动应用商店。此外，UC浏览器已在越南、印度尼西尼和中东等市场获得成功。据互联网统计机构StatCounter的数据，该公司在印度的市场份额最大，其在移动浏览器领域的市场份额为29.9%。截至2013年第二季度，UC在全球已经拥有了四亿的活跃用户，它在筹备赴美IPO（首次公开募股）的事宜。

2013年5月10日，高德软件宣布，获得阿里巴巴集团2.94亿美元投资。投资完成后，阿里巴巴持有高德约28%的股份。高德是百度的竞争对手。2013年8月28日，百度发布了百度导航永久免费的消息，第二天，高德宣布旗下“高德导航”手机应用免费。

2014年2月10日，阿里巴巴集团披露，已向高德公司提出收购建议书。此次交易总金额约11亿美元，交易完成后，高德将成为阿里巴巴100%的子公司。

在移动互联网领域，地图是聊天之外的另一个高频应用。阿里巴巴和高德表示，双方已在地理数据、地图引擎、产品开发、商业化等方面展开了合作。阿里旗下淘点点、淘宝本地生活等分别引入了高德地图和导航的应用。

有了UC浏览器和高德地图，阿里巴巴投资的美团网用户又比百度投资的糯米网多，再加上电子商务领域的领先优势，在移动互联网时代，阿里巴巴对百度已经有明显的竞争优势，它的主要竞争对手只剩下了腾讯。

2013年4月，阿里巴巴宣布了另一个重大股权收购行动，以5.86亿美元买入新浪微博18%的股份，并在用户账户互通、数据交换、在线支付、网络营销等领域进行深入合作。在此之前，新浪和淘宝账户已经可以互通，表现为当用户账户绑定后，用户可以用一个账户通行两大平台，微博用户可以直接登录淘宝平台完成购买、支付等环节。

马云表示：“此次战略合作，我们相信微博将更微博，社交媒体的生命力将更健康更活跃，传递的正能量更多。我们也相信，两大平台的结合，不仅有助于我们在移动互联网的布局和发展，而且会给微博用户带去更多独特、健康、持久的服务。我们有理由期待更多的惊喜。”

光靠这些投资，还不足以保障阿里巴巴赢得移动互联网入口争夺战。例如新浪微博除了给天猫和淘宝导流量之外，很难真正替阿里抗衡微信。近一年来，新浪微博的活跃度在持续下降，一方面是微信占据了用户更多的时间，另一方面新浪微博的商业推送也令其损失了用户体验。

阿里巴巴通过投资弥补短板，腾讯也没闲着。2014年2月，大众点评与腾讯控股有限公司共同宣布达成战略合作。通过此次合作，大众点评在本地生活O2O领域超过十年所积累的海量优质内容、用户及线下商户等领先优势将与腾讯旗下的QQ、微信等社交平台进行深度合作，打造中国最大的O2O生态圈，为广大用户提供更加优质的本地生活服务，继续扩大两家公司的平台领先优势。

搜狐IT特约作者阿超在《淘宝罩门：移动互联网无话语权》一文中指出，自从微信5.0商业化起步后，与旗下电商产品群、财付通、微信支付和线下O2O服务，存在无限的整合可能性，将来还可能与运营商进一步合作。微信商业化思路也已明确，以游戏为起点，支付为着力点，接下来的社会化购物、移动购物和O2O线下生活服务，将成为微信撬动淘宝的杠杆。

手机屏幕是有限的，要用最少的商品展现达到最好的销售效果，因此移动互联网的制胜之道在于精准营销，微信比淘宝更具备这样的潜力——拥有大数据的社交平台能更精准地描绘出消费者的形象甚至直接的购买意向。

据TechFrom的数据，高达81%的网购用户，买东西之前会征询和查看社交网络朋友的建议和观点，而50%的用户购买东西基于社交好友的推荐。淘宝如果不能解决社交问题，口碑相传、圈子分享就很难实现，阿里巴巴的传统电商业务，未来难免会受到微信的影响。

面对强悍的竞争对手，马云对移动社交娱乐工具“陌陌”进行了战略投资，并力推“来往”正面抗衡微信。

陌陌软件开创了基于地理位置认识周边陌生人进行社交聊天这一新型交友模式。2014年春节后上班第一天，陌陌宣布注册用户突破一亿，月活跃用户达4000万，会员数近100万，联运的第三款游戏《陌陌争霸》上线正好一个月，激活用户140万，月流水1200万。同样是卖表情，陌陌在APP Store畅销榜上的排名甚至远在微信之上。

陌陌的缺陷是无法与阿里巴巴的电子商务融合。能与阿里金融和阿里电商对接的是阿里巴巴历时两年打造的即时通信工具“来往”。

来往增加了很多微信没有的细节，功能大而全：如与Snapchat相近的“阅后即焚”，实现对方读取消息后自动“毁尸灭迹”的效果，保障沟通的安全性；来往还有与米聊相近的“涂鸦”，用户聊天时可以直接通过触屏手写来随意画图，进行多样性的沟通；还有与啪啪相近的“语音图片”、与易信相近的“多人群聊”；微信中最常用的“扫一扫”“公众账号”等功能来往自然也有。此外，来往还支持设立240套免费的贴图表情，支持免费的网络电话。

来往是阿里巴巴集团第一个没有太多电子商务痕迹的互联网应用。阿里巴巴集团CEO陆兆禧在内部反复强调来往是“必打之仗”，并动员要求全集团“ALL IN无线”，任何产品优先考虑无线应用。

这两年新进的腾讯员工已经分不到什么股票了，为了吸引无线领域的人才，阿里巴巴打出了很有火药味的招聘广告：“大公司不少，但不是每个公司都会跟员工分享股票。”

2013年10月21日，马云在阿里巴巴内部论坛发帖，强推来往：

> 我目前使用的通信工具80%是来往。我原来认为来往没有特色，不够独特，但现在却离不开它了。因为我最大的乐趣在于帮它成长、完善起来……好产品是用出来的、完善出来的，也许它最大的特色是几万名员工不服输的精神，用愚公之精神去挑战×信……
>
> 十年前，没有人相信淘宝会打败巨大的对手eBay，十年后我们难道不可以一试？很多人后悔没有参与那次战争，但

这次我们每个人都可以参与。谁不参与，谁就不该待在这家公司里。因为这是我们每个人可以做的事，这不是战略，这是阿里人在无线时代争取生存权利的努力。

这一次，我们每个人都可以帮助来往，别告诉我你不可以，除非你不愿意。今天的无线互联网，别看微信那么强大，那和2003年的互联网格局差不多，那时候的新浪、搜狐、网易不也是高不可攀？无线互联网的游戏刚刚开始……

我们和别人比的不仅仅是技术、实力，我们比的是每个阿里人的团结、毅力、速度、耐心……更何况在技术和实力上我们不比别人差，如果无线上网没有建树，我们就不该考虑上市！

P.S.：100+（每个阿里人11月底前必须有外部来往用户100个用户）的馊主意是我出的，也是我坚持的。阿里人11月底前我不到100个公司外面的来往用户，视同放弃红包（指年终奖）。红包本来就不是应该给的，当然有100+未必有红包，没有100个是肯定没有红包的。

除了不发年终奖的“威逼”，还有现金奖励的“利诱”：截至2013年12月31日，阿里巴巴在职员工谁的非同事活跃好友数量最多谁就胜出，一等奖一名，奖励十万元人民币现金（税后）；二等奖三名，每人奖励五万元人民币现金（税后）；三等奖十名，每人奖励一万元人民币现金（税后）。此外，人均好友数最多的团队，马云或陆兆禧将特别奖励，以让小伙伴们惊呆为原则。

10月22日，马云称自己将永久关闭微信账号，以示对来往的支持。除了以身作则发动员工用来往，马云还亲自出动，发动史玉柱、李连杰、文章、赵薇等名人明星都加入来往。吸引眼球的除了名人，还有美女，阿里巴巴还同步通知了淘女郎进驻来往，希望吸引十万名淘女郎到来往帮助宣传。

即时通信和游戏是腾讯的两大核心业务。马云投资陌陌和强推来往是进攻腾讯的即时通信业务，2014年1月初阿里巴巴宣布进军手机游戏则是对腾讯游戏业务的进攻。

无论在PC端还是移动端，游戏一直都是变现能力最强、用户黏性最高的产品。根据腾讯2013年前三季度财报显示，腾讯游戏收入高达235亿元，超过总业务收入的一半，更是超过市场排名第二至第六位的网易、盛大、畅游、完美世界等五家网游公司收入的总和。

马云曾说过“饿死也不做游戏”，但在移动互联网的大趋势面前他选择了食言。中国互联网络信息中心发布的《第33次中国互联网络发展状况统计报告》显示：2013年，中国PC端游戏用户规模为3.38亿，网络游戏用户规模增长仅为234万。与此同时，移动端游戏用户增长迅速。2013年年底中国移动端游戏用户数为2.15亿，较2012年年底增长了7594万，年增长率达到54.5%。移动端游戏是一块巨大的新蛋糕。

微信支付大举进攻了阿里巴巴的核心业务，阿里巴巴手机游戏平台就大举进攻腾讯的核心业务，希望以此打乱腾讯的阵脚。

阿里巴巴集团新闻发言人王帅表示："我们对游戏市场垄断、山寨的现状表示遗憾，对腾讯游戏一家独大、对游戏生态的破坏很不满。如果游戏产业继续保持1：9的分成比例（平台运营方拿走90%的收入，游戏运营商只分10%），那么游戏产业的畸形就不会改变。我们相信这一结局在微信里也会产生。我们必须为游戏争取一个健康的生态环境。"

阿里巴巴与腾讯竞争的策略是：调整与游戏开发者的分成比例，开发者可以获得70%的分成，剩下的10%将捐给公益基金，阿里巴巴仅拿20%以覆盖成本和用户激励。

阿里巴巴可以导入"手机游戏平台"的流量极其庞大：7亿淘宝用户，9亿支付宝用户，手机淘宝日活跃用户，也高达2.7亿。阿里数字娱乐事业群总裁刘春宁称，阿里巴巴将以全平台的自由流量与外部流量，全力支持手机游戏平台的运营，重点打造精品游戏的营销推广与分发。

腾讯的游戏业务仍未在移动端复制出PC端的强势地位，虽然阿里巴巴的商业流量转化成社交流量是有难度的，但其挑战仍不可忽视。因此，就在阿里巴巴宣布推出"手游平台战略"后的第二天，腾讯就对Q币渠道代理商下发通知，严禁其在淘宝网等第三方电子商务平台进行Q币充值、销售等行为。

阿里巴巴与腾讯的移动互联网战争才刚刚打响，谁赢谁输，让我们拭目以待。

在2013年中国（深圳）IT领袖峰会上，马云对话马化腾时说："就像我看见你的微信我也很紧张。紧张是正常的，紧张促进社会进步。"从紧张中看到进步，有了这样的太极思维，方能举重若轻。

附录：马云内部邮件《2014阿里全盘进入移动电商》

各位阿里人：

春节过去了。这个春节我和大家一样，密切关注着移动互联网带来的精彩和改变。今天在这里和大家分享一下，我在春节的思考以及与管理团队讨论几天后达成的共识纲要。

一、阿里巴巴的战略是什么？

1. 我们认为，以控制为出发点的IT时代正在走向激活生产力为目的的DT（data technology）数据时代。这不仅仅是技术的升级，更是思想意识的巨大变革。

2. 我们十年的目标：建立DT数据时代中国商业发展的基础设施。

3. 从五年前确定“开放数据平台”为集团战略目标起，我们重兵布局云（云计算和大数据）。从今天的局势来看，即使无线客户端风生水起，我们依旧应该坚持大力在云上投入。云端（Cloud +App）将是未来移动互联网的关键。当然我们目前在APP端上的表现不令人满意，所幸的是精彩纷呈的端市场才刚刚开始。

4. 今年我们将全面从云打到端！居高声自远，非是藉秋风。

二、无线互联网时代，阿里如何走?

1. 移动电商将必定是移动互联网时代最重要的领域。

2. 我们有——全球最大的商品、用户、交易数据库；全球最大的支付平台，信用体系；全球最安全高速的云计算平台……这些资源，我们需要懂得分享和学会如何分享，构建更加低成本、高效率的商业社会，enable（让）更多人参与和建设基于大数据的新商业文明。

3. 我们必须——与数亿客户一起移动到DT。

4. 怎么做——端带动云，云丰富端。数据创造价值，提升体验。快速建设移动电子商务的生态系统。

5. 接下来每位同学会知道，自己在图中扮演的角色。

三、我们还要坚持什么?

1. 客户第一。人人做到位。

2. 拥抱危机感。

3. 坐拥金山，精打细算。

各位，阿里从来不是一家追求热点的公司，成立15年来，我们放弃了短信、门户、游戏……一心一意专注于电子商务。我们经过15年的努力，让电子商务从冷门成为热门，成为今天的生活方式和热点。我们骄傲的不是我们一年卖了多少货，赚了多少钱，而是点燃了无数创业者的梦想，创造了1500万的直接和间接就业，成为真正的民企纳税大户……我们荣幸地见证并参与了中国经济社会的改革和发展。

今天，依托阿里巴巴集团的云计算平台，我们极大地提升了集团运营效率，而且支撑了近千万企业的电子商务平台及无数无线产品开发者的创业平台，并越来越多地成为金融、医疗、政务、交通、气象等行业以及海量互联网用户的基础服务和应用。云端，云端，我们内外兼修。

关于无线互联网，我有一些担心。我担心的不是腾讯红包对我们的压力，不是没有一个或几个层出不穷的入口，不是能不能开发杀手级的数据产品；而是自以为是的良好感觉或过度关注竞争压力让我们迷失自己，忘了做自己擅长的事情，忘了未来三年，全中国有多少传统企业等着拥抱无线商业，忘了有多少新商业领域我们可以去推动创新，忘了我们必须每天爬山。

只有知道自己有什么、要什么、该放弃什么，我们才不会迷茫。

商业社会永远会有竞争，永远会有比我们做得更好的模式和公司，永远会有令人惊喜或沮丧的创新变化……但我们永远要努力比对手在推动经济社会正能量上做得更好！因为这才是阿里人的福报和机会所在。

从现在起要做的事很多，我提醒大家，我们将会严格落实和考核“客户第一”的原则！每一个人很快会感受到、接收到2014年的变化。

2014是“云+端”，阿里巴巴“ALL IN移动电商”。请每一个人守护好自己的岗位，让其他团队放心把后背交到你手里，我们在一艘船上，今天这艘船不仅仅是25000名同事……

变革的纠结和疼痛会波及我们每一个同事，但十年后的中国商业环境会因为我们今天的努力变得更加透明、开放、诚信和繁荣。

纠结和疼痛就是参与感！

马云　阿里巴巴集团董事局主席

2014年2月28日

让利、放权，顺应人性趋势做管理

马云曾做过自我评价："我不是学技术的，我对IT真的不懂，我也不懂管理、不懂产品，但是后来我发现自己有一个地方是可以做的，就是在管理、在领导力、在怎么样把梦想变成现实上，我估计我比绝大部分IT人花的时间更多。"

马云的管理模式遵循的也是顺势（人性趋势）而为的太极之道。

在2007年《中国企业家》举办的"25位最有影响力的企业领袖"颁奖典礼上，柳传志为马云颁奖，柳传志说马云有四件事让他觉得了不得："第一个是对于阿里巴巴业务的战略布局，第二个是他这个网络服务企业对于文化的深刻重视，第三个是他的谈吐，第四个就是这次阿里巴巴上市以后，我在报纸上看到他把那么多的股份留给了他的同伴分享，自己只得了5%。这个胸襟，这个志向，我都觉得了不得。虽然他比我年轻得多，但是我真诚地向他学习，他很值得尊敬。"

马云在阿里巴巴的股份很少，因为他从第一天起就不想控股。他的理念是：一个CEO，一个公司的头儿绝对不能用自己的股份来控制这家企业，而是应该用智慧、胸怀、眼光来管理领导这家企业。如果所有的人是因为你控股而跟着你，这没有意义。

企业经营往往会出现两大内部矛盾：老板与员工之间的矛盾是钱的问题，上司与下属之间的矛盾是权的问题。

任何人在一家企业工作总会有自利的本能，马云在股份问题上如此大方源于他对人性的理解和尊重。在点评《赢在中国》一位选手的时候，马云说道："你自己很善良，很有激情，很幽默，也会讲很多的故事，但你的团队离开你的时候，你要想到一点，我们需要雷锋，但不能让雷锋穿有补丁的衣服上街去，让他们跟你分享成功是很重要的。"

阿里巴巴的股份是非常分散的。2007年阿里巴巴在香港上市时，马云和另外7名高管兼董事的股份加起来也只占12.79%。这和盛大上市之后陈天桥个人持股75%、百度上市之后李彦宏个人持股25%形成了鲜明对比。还有一个惊人的数据是，除去董事和高管，阿里巴巴4900名普通员工的人均身价达到了200万港元。马云兑现了创业之初"发展成果由员工共享"的承诺，千名员工成为了百万富翁，创下了国内IT类上市公司最大规模的员工"造富"纪录。

股份共享之外，阿里巴巴另一个吸引员工的重大激励措施是帮助员工解决买房和子女教育问题。2011年8月，阿里巴巴集团官方微博发布消息称，为了让员工及家人享受到公司成长的回报，阿里集团将提供一系列的措施，除了提供30亿无息贷款开展“ihome”计划外，还投入5亿教育基金，并向基层员工发放一次性物价和子女教育补贴。

在阿里巴巴集团服务期限满两年，工作地在大陆，并且是购置员工工作地首套住房者（以员工家庭为单位）及符合相关条件者均可申请贷款。其中，服务期限在两年以上（含）三年以下的员工，贷款额度上限为20万元人民币；服务期限为三年以上（含）的员工，贷款额度上限为30万元人民币。

阿里集团的员工纷纷留言感谢公司。“马林-临沂-阿里巴巴”写道：“作为阿里的员工，此刻无比地幸福！”“3鲜汤”留言：“对于梦想在杭州安家的外地年轻人来说，置业的首付是最大的障碍。现在公司给了员工很好的机会，几十万的首付，加上我们的公积金。基本上‘白送’一套房子。同学们还等什么，除了感谢公司之外，努力赚钱吧，没有比这个更让人感到幸福的消息了！”

阿里巴巴人力资源部的负责人对媒体说，员工幸福了，就会为企业创造更大的价值，而企业发展了，就能为股东带来回报，从而为社会造福。

华为总裁任正非也非常认同物质激励的作用，2013年年底他在公司业务会议上说：“我认为只要是在你们薪酬包的范围内，在激励设计方面你们是有自由度的，就不要等公司行动。可以找几个代表处，先来做试点。你看巴西我就做试点。巴西是很困难的，多年扭转不了亏损。但是我在巴西就提出来，选了五六个人出来，项目做得很好，破格提拔，然后就激活了整个巴西的组织，士气大增。财务说上半年他们这样做了以后，成绩很好。今年当年扭亏，年底还要破格涨二三十个优秀分子。你看巴西改变了，它这几年慢慢进入正轨，可能过几年就把历史亏损扭转了。所以说大家要想一想你们要创造一种方式，鼓励大家上战场。”

除了钱，一个人在企业工作，还希望有权，具体来说是在自己负责的事情上有一定的自主权，希望自己的主张得到实施，马云对这方面的人性需求也充分理解。

领导者要意识到权力集于一身的危险，放权是必需的。

马云对此有深入阐述：“我觉得这个公司最大的风险在我身上，我把自己看得太大，把自己看得太有能力，什么事情都想插一手，什么事情都想管的时候，问题就大了。优秀的领导人位置越高，越把自己当平常人；平常人越往上走，越觉得自己天下什么事都懂。这个房子里的人，我们谁敢承认自己的能力不够？每个人的能力和对自己的看法永远不匹配，但事实上我们的能力都有限。我担心别人对我的表扬，让我飘飘然，做了一个愚蠢的决定；我担心别人骂我，让我火气很大，做了一个愚蠢的决定。但我认为今天的阿里巴巴总体来讲，没有可能让马云做极其愚蠢的决定。尽管我们没有这样的机制，但是我们的文化和人才梯队在。今天我做一个愚蠢的决定，蔡崇信肯定是反对派，彭蕾、陆兆禧、曾鸣都会跳出来把我弄死。以前凭嗓门做决定，今天我讲话声音大没用，你得说出道理来。”

从2011年起，阿里巴巴集团就开始将权力下放。阿里巴巴集团将淘宝网分拆为三个独立的公司，即淘宝网、淘宝商城和一淘网，三个子公司分别负责C2C业务、B2C电子商务和一站式购物搜索。这三个子公司独立后都获得了更大的权力，每个公司都有了自己的CEO和董事长。一年后，阿里巴巴集团从原有的三家子公司制又调整为事业群制，七个事业群的总裁权力更大，上面没有了董事长，都直接向马云汇报。

在阿里巴巴飞速发展的过程中，马云一直在阿里巴巴的日常管理上逐步“往后退”，尤其是2011年和2012年，越加明显。自2013年5月10日起，不到50岁的马云不再担任阿里巴巴集团CEO一职，仅保留董事局主席身份。

一位阿里巴巴集团知情者向《经济观察报》记者透露，马云曾在一封邮件里说，他希望未来集团的决定不是从上而下的，不是说他今天想集团将来要怎么样，就让下面去干，而未来可能更多是底下的人做决定。也就是说，在马云和阿里巴巴集团高管的心里，未来的互联网公司将不以一个公司的形态存在，而是“网格化的自组织”。而传统的互联网公司是自上而下的，叫作树状。

什么是“自组织”？自然世界，高山流水，鸟语花香，万物并作，但这一切并非有人先画好设计图，然后按计划搭建，而是自行演变出来的。自组织理论认为，我们已知的复杂系统，包括宇宙的星体系统、地球上的生物系统、社会上的市场系统，乃至商业上的营运系统，其实都是自体生发系统。这些系统皆非人类构思出来，而是无中生有，以自身的力量去成长、演变，日渐进化成一个既有适应环境能力，又不断变成环境一部分的可持续发展系统。

在《财富》2012中国最具影响力的50位商界领袖排行榜上，香港中原集团创始人施永青先生榜上有名，他是“自组织”理论的积极实践者，倡导“无为而治”。

2013年，中原集团有56000名员工，营业收入106亿，在中国内地代理了近3000个新楼盘项目，销售额3304亿，另外还有1800亿的二手房销售额。领导这么大的企业，施永青采取的是“自组织”管理模式。

施永青在20世纪70年代末刚从事房地产中介行业时，行内大部分都是夫妻档、兄弟帮。有朋友还指点他，说这一行的生意性质会限制他的发展，因为它只能是小生意。

朋友的看法施永青听到虽然不舒服，但也无力反驳，因为当时行内比较大的公司也只有两三间分行（中介门店）。后来施永青对老子的哲学有所领悟，改用无为而治的方针，任由下属自由发展，建立了一个令全世界行家都惊异的、庞大而密集的，位于单一城市内的销售网络。

1992年年初，中原地产只有十余间分行，到1997年年中已增长至300间，差不多每年都翻一番。施永青说：“如果靠我去计划的话，我一定不敢有这么大想头，但由于我肯放手，我的下属就各自寻找生存空间，否则不可能出现这样的新气象。”

不时有朋友问施永青，为什么在同一条马路都开几间分行，没有人会这样部署分行网络的，起码书中没有这样教的。施永青告诉他们：“我开分行的策略是乱开，只要分区经理有钱赚，有可以提拔的人才，他想在哪里开，我就让他在哪里开。所以开在对面马路的有，开在隔邻的也有。不然，怎么可能一下子就涌现出这么多的分行？”

施永青认为，自组织之所以不时会涌现新的变化，与它不依靠领导的计划有密切的关系。由于自组织的成员有较大的自主空间，每当环境转变时，个别成员会率先自行调整，导致运作常规被破坏，引起混乱，迫使组织内其他成员也非变不可。一旦各自走位成功，找到一种新的、能适应新环境能力的运作模式，这种新模式就可以在没有竞争之下在新环境下大量涌现，把那些怕混乱、拼命去固定旧模式的竞争对手淘汰掉。

施永青认为“无为而治”不是无所作为，而是有所为、有所不为，在不为中实现有为。简单来讲就是将日常事务的决策权下放，在信息社会，掌握真实信息的人一定是接触市场的人，因此老板要下放权力，让下面的人多做一点决定，这样也有利于充分调动下属的工作积极性；老板要致力于战略方针的确定，不再置身于琐事，从而使效率提高。

马云曾不自觉地实践过下放权力，发现效果很好："记得有一年，我、COO（首席运营官）、CFO（首席财务官）休假去了，结果那一个月的业绩是最好的。你离开公司的时候，是给团队足够的时间去独立思考和运营的时候，有些决定也是他们能做的。"

马云当老板喜欢"抓大放小"，他让"一线团队、真正听得到枪炮声的员工拥有决策权"。他主要抓住阿里巴巴集团发展过程中的最要害问题，例如淘宝网整个运营思路向市场化转变，集团人力资源休养生息、轮岗，对人才、价值观进一步地提升，这些都是马云直接参与和大力推动的重要事情。

管理学大师彼得·德鲁克认为管理者专注于最关键的事才能成为高效工作者，哈里·霍普金斯是个极好的例子。第二次世界大战期间，哈里是罗斯福总统最心腹的顾问。哈里几乎是个垂死的人，连走路都觉得十分艰难，阴天才能工作几个小时，这使他不得不将活动减少到最低限度，只做那些最关键的事情。因此，他不但没有丧失工作效率，而且还被丘吉尔称为"核心人物"，其战时的贡献是美国政府里其他人所无法比拟的。

因此马云做的事变少了，对集团的贡献反而可能上升。

处理好了钱和权的问题，企业内部矛盾少了，才容易上下齐心，向外争取更大的生意机会。

放权与让利需要的是领导者的胸怀与眼光。马云曾举过一个身边的例子来说明胸怀与眼光的重要性：“当年我所在的大学，有五个副院长，分房子时，那些副院长都在抢房子，就是那个最年轻的副院长，他始终都不抢。我说你为什么不去抢房子，房子那么好，都100平方米了。他说我今年43岁，这帮人都五十几岁了，他们认为这是最后一班车了，而我认为我刚刚开始。这就是眼光。后来他当到了厅长，当到了副省长。”

PART 3

组织建设的关键时刻，马云靠使命和价值观凝聚人心

太极拳术以分虚实为第一义。马云在企业管理中把实的做虚，把虚的做实，他靠虚的价值观、使命感来做出实的利润，他考核每位员工是否落实价值观，把虚的文化做实。

马云对阿里巴巴的管理模式充满自信："我跟大家可以打一个赌，我们这个价值观以及使用价值观的方法，20年以后中国所有的企业一定都会这么做。"

太极拳术以分虚实为第一义，如全身皆坐在右腿，则右腿为实，左腿为虚；全身皆坐在左腿，则左腿为实，右腿为虚。马云在企业管理中把实的做虚，把虚的做实，他靠虚的价值观、使命感来做出实的利润，他考核每位员工是否落实价值观，把虚的文化做实。

阿里巴巴总结了六大价值观，马云认为“这不是我（个人偏好）的价值观”，这六条价值观“是全世界所有企业都必须坚守的”。“‘诚信’是谁的价值观？整个社会的。‘客户第一’是所有的商业活动必须要拥有的一个价值体系。‘团队合作’，每个人要成事，一定要靠团队，你说这是谁（独有）的价值观？‘拥抱变化’，是在21世纪信息时代高速变化过程中，你必须要有的。‘敬业’，哪个公司可以说我们不用敬业呢？”

马云对阿里巴巴的管理模式充满自信：“我可以跟大家打一个赌，我们这个价值观以及使用价值观的方法，20年以后中国所有的企业一定都会这么做，全世界优秀的企业一定也会这么做，只是我们比大家早了10年、20年，所以我们很容易死。但是一旦活了，那就搞大了！”

金庸小说与马云的使命感

马云热爱金庸的武侠小说："我买过四五套金庸的书，也买过盗版，上次在香港吃饭，请金庸签名，结果拿出来一看是盗版，很惭愧。因为看得确实比较多，每次看完就忘了，忘了才能再看。最近五年来第一次在马尔代夫度假，睡了三天，醒了就看《笑傲江湖》，这套书认真看了三天。"

金庸的武侠小说给马云的做人原则及行为方式刻下了非常深的烙印。早在2001年，央视重拍《笑傲江湖》时，马云曾向导演张纪中自荐出演风清扬的角色，但因没有表演功底而遭拒。马云痴心不改，为自己取了花名"风清扬"，把阿里巴巴总部会议室命名为"光明顶"，核心技术研究项目组名叫"达摩院"。马云平时脑筋转累了，他就要耍剑，或者提着剑在公司四处晃晃。很快，人就不觉得累了。

马云还规定，在阿里巴巴，每个员工都要起个"花名"，而且一定要出自武侠或玄幻小说中的正面角色。阿里巴巴的价值观先后被称为"独孤九剑"和"六脉神剑"。

马云对侠义的向往不是随便说说的。他这辈子第一次上电视，就是被杭州明珠电视台拍下其见义勇为、呵斥小偷的镜头。

1995年，马云刚开始创业。一天晚上八点多，他骑自行车去上班。在路上马云突然发现前面有五六个人用很大的木杠子在抬盖在马路中间的铁制窨井盖，估计是准备偷去卖废品。马云看到这一幕，马上想起前几天报纸上登过一条新闻，说是由于某地区窨井盖被盗，一个小孩一不小心掉到窨井里淹死了。马云想要制止，但他面前有五六个壮汉，他一个人不可能打得过他们。于是马云就骑着自行车到他们前面大概四五百米处去找人，结果一个警察都没看见，马云再看看边上的人，似乎也不愿意跟着他一起去阻止偷盗。

马云骑着自行车来回足足绕了两圈，实在忍不住了，因为他看见他们还在抬那个井盖。马云就把自行车骑过去停在他们的面前，一只脚跨在自行车上，一只手指着他们，大声吼道："你们给我抬回去！"当时马云的想法是，如果那几个人冲过来他肯定逃了，但是如果因为害怕就不说他实在是心里难受。

正在这个时候，突然有个男人冲了过来，问马云刚才说了什么。马云见有人跟他讲话，特别得意，就告诉他，自己看到那群人要把那个窨井盖抬走，打算叫他们物归原位。那个男人就问马云接下来想让他们怎么样。马云突然觉得很蹊跷，为什么这个男人会问这么傻的问题？回头一看他才明白过来，原来背后有个很大的摄影机正对着自己，电视台的人其实是在做一个测试，就是想看看走过这条路的人看见这样的事情，有多少人会站出来说No，而那天就只有马云一个人做出了反应。

马云做企业的使命感与他年轻时的见义勇为是一脉相承的：“‘胸怀’这个词里边就是使命感。因为有使命感，你就有这种胸怀，让别人去说，自己知道自己在做什么，而且我一定要把它做出来，比如我胸怀超大，希望改变人类。我希望影响别人，帮助别人，有这种使命感。这样，你往前走的时候，给人的感觉是很傻很天真。别人看你很傻很天真，但是你比谁都意志坚强。从这里你可以看得到，胸怀就是你根本不在乎别人是怎么评价你的。”

经济学博士何帆认为：“有时候，通俗文艺对一个人的成长往往起到极其深远的影响。我们在课堂中能够学到的做人之道越是贫乏，小说、电影、游戏这些课堂外的教育就越是有震撼力。我承认，金庸小说教给我的东西，远远比中学老师教给我的东西更重要、更有意义。”

要理解金庸小说的教育意义，得看看著名神话学家坎贝尔的理论。

坎贝尔发现，世界各地不同文化的神话故事，都有个普遍存在的原型——英雄人物。首先，英雄人物生活在一个没有危险但很单调乏味的熟悉环境里，然后一个偶然事件发生，让英雄走出这个环境而且无法回头，他将要经历种种磨难。英雄需要导师和一群小伙伴，以及一个能够激发他潜能的强大对手。他会先经历一系列小的挑战，这是“试练之路”，最终他会到“洞穴的深处”，而且经受巨大的“磨难”，克服了这些挑战之后，他会得到“宝物”（比如金庸小说里的屠龙刀或九阳神功、降龙十八掌）。到了剧终的时候，英雄会返回故乡，但他已经是一个脱胎换骨的新人，他从自己的经历中终于悟道了。

例如，魔幻小说《魔戒》的主人公佛罗多作为英雄，身负拯救世界和与魔王拼斗的重任。在销毁魔戒的路途中，常常会受到诸多外在因素的干扰，如来自兽人和戒灵的袭击、来自魔王的诱惑……期间他需要以巨大的毅力消除心中的魔障，克服内心的弱点，类似于一种“修炼”的过程。

这一套路之所以重复出现并且人们百看不厌，就是因为它契合了人格成长的内在规律，它能够引起青少年的共鸣。

坎贝尔认为，英雄是那些能够接受并通过命运挑战的人。金庸小说带给马云的英雄情结深深影响了马云经营阿里巴巴的风格：鲜明的理想主义风格，高度重视企业的使命。

马云做企业不想做“首富”：“刚成立（阿里巴巴）的时候，我们把股份给员工、给投资者，有人就跟我说，你这样是永远做不了比尔·盖茨的。谁想当比尔·盖茨了？我们可能永远不能像盖茨那么有钱，但是我们可以超过微软操作系统对人类的贡献，我们可以让更多的人富起来，让更多的人因为我们发生变化，这个（追求）是我们很大的区别。所以这家公司最大的乐趣不是比谁钱挣得多，而是看谁对社会的影响大、谁能够促进整个社会的完善。有多少家庭和工厂因为我们发生了变化，这种乐趣才是这家公司与众不同的地方。”

马云2010年在阿里巴巴组织部会议上说：“我们在创造新的商业文明，我们希望社会更加透明，更加开放，更加诚信，更加有责任感。这才是这个组织的使命，坐到这里的人，我们要达成共识。Yes，we can（是的，我们可以）。这样凑在一起才有乐趣，而不是凑在一起比赛KPI，讨论营业额、利润、竞争，我们要讨论我们的理想。”

这样的思路是很多老板没有的。

附录：马云极富英雄情结的一次演讲：《我们永不欺客》

我们的影响力是，通过我们的努力，让中国经济很多不合理、不平等的现象，重新变得合理。前段时间，国美、永乐、苏宁等企业召开了渠道大会。渠道大会提出的一些想法让我很讶异。他们是怎么样的一个概念呢？卖场说他们现在钱太少，利润还要提高。他们已经拿了百分之十五，就是说一家工厂产品定价的百分之十五是归渠道的。

以前是你买我东西，先付我定金，然后我再给你。现在是我的产品到你这里去卖，我要先付你钱。

还有一个呢，卖场如果降价，这样谁最倒霉？供货商最倒霉。百分之十五加上定金再加上一切的打折费，中国的制造业几乎是哀鸿遍野，利润只有百分之二三。如果中国的制造业只有百分之二三的利润率，中国的哪家企业还愿意创新？哪家企业还愿意投入研发？这就是个很不平衡的现象。

已经上市的这些渠道，拿着这些钱又不能去好好地发展这些渠道，他们拿来干吗？做房地产。现在有很多卖场拿了钱就去做房地产，这造成了整个经济领域里面，渠道和制造商之间非常不平衡。

淘宝和阿里巴巴有机会通过我们的努力，不是下达规定而是通过商业运作来改变这个状态。我们有巨大的买家市场，我们能够为家电行业、为这些制造业服务，我们只收百分之五、百分之三甚至百分之二，把百分之十还给制造业，让他们生产更多的产品。

而且我们可以把这些产品更快速地传送出去。我们有很强的竞争力。一个新产品起来，如果走传统卖场的话，最快也要两个月。而在网络上面呢，就可以同时全部起来，这个产品一下子就起来了。这是我们网络可以做到的。

淘宝今天做B2C，不仅仅是我们看到这个市场，而是通过我们的努力，能够整合、改变、影响中国很多不平衡的东西。我觉得这是有意义的事情，而且我们一定可以赚到钱。所以我那天对淘宝提出这个往B2C发展的决定，我自己也非常感慨。

第一，通过我们的努力去影响这个社会；第二，它这样走下去，我感觉，会产生很大的影响。今天很多人说不会在网上买东西，五年以前、七年以前谁会相信能够在网站上面做这些生意？今天在网站上购买产品的都是25岁左右的人，五年以后，他们30岁时，他们在网上买电视机、买冰箱，买中国品牌制造业的东西都会觉得很easy（容易）。

我们争取在三年以内，使淘宝卖场的交易额超过任何一个大卖场。五年以后，我们希望今天的永乐、苏宁、国美、大中加起来还没有我们淘宝大。那才是骨气。而且我们永不欺客，永远是帮助整个产业。我们前年是8亿，去年是80亿，今年我们做一个预测，估计是150亿到200亿。当然我们今年不是说去灭了那些卖场，我们灭不了它们，我们也不想灭人家，它们永远是我们的补充。

有了使命感，做工作就像养孩子

是什么让阿里巴巴不断壮大？马云认为：“阿里巴巴能有今天，就是我们持之以恒地把梦想做了十年。创业的时候我们在谈理想，最困难的时候在谈理想，现在，我们还是在谈理想。”“我们希望世界上生意越来越透明、公正，商界没有腐败。我们不是为了创造概念，而是为了创造价值！我们希望阿里巴巴能够影响世界经济、亚洲经济和中国经济的格局，因为有了阿里巴巴，这个世界不一样。”

马云认为有了明确的使命，企业才不会迷失方向。

他在2002年到纽约参加世界经济论坛，听世界500强企业CEO谈的最多的是使命感和价值观。而中国企业很少谈使命感和价值观，如果谈了，别人会认为你太虚了，不跟你谈。马云认为，因为中国企业缺乏使命感，所以企业只会变老不会变大。会议期间克林顿夫妇请马云吃早餐，克林顿说美国在很多方面是领导者，有时领导者不知道该往哪儿走，没有什么引导他们，他们没有榜样可以效仿。马云问：“这个时候是什么让你做出决定的？”克林顿说：“是使命感。”

国家决定前进方向靠使命，企业也是一样，马云对此有过深入阐述：

> 2003年，我们阿里巴巴在B2B领域发展已经是很好了。怎么走下去，我很迷茫。当你站在第一的位置上，往往不知道该往哪里走，因为第二、第三可以跟着第一走，但是第一没有参照。那时我凭什么做出一系列决定？就是凭着使命感。

爱迪生企业的使命是什么？Light to world（让全世界亮起来），从企业CEO到门卫，大家都知道要将自己的灯泡做亮、做好，结果现在“打遍天下无敌手”。我们再看另外一家公司——迪士尼。迪士尼公司的使命是Make the world happy（让世界快乐起来），所以迪士尼所有东西都是令人开心的，拍的戏也都是喜剧，招的人也全是快乐的人。

另外一家公司TOYOTA（丰田），它的服务让全世界都懂得尊重。有一个故事，在芝加哥的一个大雨天，路上一辆TOYOTA车子的雨刮器突然坏了，司机傻在那里，不知道怎么办。突然从雨中冲出一个老人，趴到车上去修雨刮器。司机问他是谁，他说他是丰田公司的退休工人，看见他们公司的产品坏在这边，他觉得有义务把它修好！这就是强大的使命感和企业文化，才使得每个员工将公司的事当作自己的事情。只有在这样的使命感的驱动下，才会诞生今天的迪士尼、今天的丰田。

我们阿里巴巴的使命是：“让天下没有难做的生意。”我们做任何事情都是围绕这个目标的，任何违背这个使命感的事情我们都不要做。所以有人会很奇怪地问我们：“你们凭什么做出这样一个决定啊？”我说：“凭我们的使命感。”

阿里巴巴提出“让天下没有难做的生意”以后，就把这个使命作为阿里巴巴推出任何服务和产品的唯一标准。阿里巴巴曾经推出一个免费的产品，当时工程师和产品设计师、销售师想把免费搞得复杂一点，将来收费搞得简单一点就可以了，所以产品就越做越复杂。后来马云问“我们的使命是什么”，大家就说“天下没有难做的生意”。马云接着问：“那为什么把产品搞得那么复杂？”大家一下就醒了，就把产品做得非常简单。让客户的使用越来越简单，把麻烦的问题留给企业自己，这就是使命感的驱动。

马云还从企业与社会的关系角度，论证用使命保障前进方向的重要性。如果阿里巴巴B2B关门，将导致60万家企业关门，如果平均每家企业请10个人的话，就有600万个家庭将面临失业困扰。像阿里巴巴这样的行业、这样的企业，必须用使命感、社会责任、价值观做保障，不然要出大问题。

有了共同的使命（目标、理想），统一了思想，企业才会有凝聚力，才能生存下来。马云认为：“什么是组织，组织是靠什么团结起来的？组织一定是靠共同的使命团结起来的。”

阿里巴巴创业之初，马云引进了大量人才，很快就出现了问题。“每个人对互联网的看法都不一样，对阿里巴巴的看法也不一样。如果有50个傻瓜为你工作，可能是一件很开心的事情。困难的是每个人都认为自己聪明，当时在美国有很多的知名企业管理者到阿里巴巴做副总裁，各有己见，50个人方向不一致肯定是不行的。那时候简直像动物园一样，有些人特别能说，有些人不爱讲话。”为此，马云很快在阿里巴巴开展了“整风运动”，确定阿里巴巴的共同使命（目标）和价值观。

2003年，阿里巴巴的股东孙正义召集了所有他投资的公司的经营者开会，每个人有五分钟时间陈述自己公司的现状，马云是最后一个陈述者。他陈述结束后，孙正义评价说：“马云，你是唯一一个三年前对我说什么，现在还对我说什么的人。”马云是互联网低潮期少有的企业使命坚守者。

马云曾总结阿里巴巴创新发展的经验，其中有一条就是：坚持自己的理想。“初恋情人是最美丽的。任何创业者第一天创业的梦想都是最美丽的，要永远相信你的直觉。”

2007年，在经济形势大好的时候，马云再次开展统一思想的活动，他的理由是：“形势好、大好的时候，是最容易出问题的时候。这个时候我觉得我们的高管一定都要坐下来认真地统一思想，再度明确我们要去哪里。我们第一天走哪里，我们未来走哪里。我们价值观不统一，目标不统一，使命感不统一，就又会走到互联网的2001年。”

2012年马云在组织部会议上再次强调他对公司理想的重视：“业务怎么发展，我一点不担心，我担心的是这家公司，这种理想主义的色彩能走多久，能走多远。这个公司不是讲人治或法治，而是讲理想主义。理想主义要真正跟现实主义结合在一起。一个纯理想主义者必死，一个纯现实主义者也活不久，只有两者结合在一起，才能走得久。”

有了共同的使命（目标、理想），企业里的每个人才会自发地工作。

马云的理念是不要让员工为老板干活，而是为一个共同的目标和理想去干活。马云在创立阿里巴巴的第一天就说要做80年的企业，要成为世界十大网站之一。阿里巴巴的理想是不把赚钱作为第一目标，而把创造价值作为第一目标。这些东西阿里巴巴的股东和董事还有员工都必须认同，“大家为这个目标去工作，我也是为这个目标去工作”。

有人问马云是怎么把阿里巴巴的员工拉住的，马云说在阿里巴巴，一份事业、一份工作首先是一个孩子，父母再穷也不会卖孩子，不会怪孩子。养过孩子的都知道，越养越开心，不会在养孩子时，脑子里想着他以后能给我赚多少钱，不赚钱把他卖了。如果有养孩子的这种心态，生意会越做越好，越做越快乐。

马云坦承自己喜欢钱，一个商人说不喜欢钱那是虚伪的，为股东赚钱是天经地义的，为企业赚钱也是这样。但是如果老想着钱，就没有人愿意跟你交流，因为没有人愿意跟脑子里都是钱的人交流。首先要想这是一个很可爱的东西，是自己的事业，是自己的孩子，可以给你带来很多快乐，最后它还产出很多的钱，这种快乐很好。“如果第一天就想着从里面挤出钱来，你是永远不会好的。”

马云很喜欢用使命（目标、理想）来激励全体员工，这是有深层原因的。

他说过：“伟大和不伟大之间的区别是什么？会在别人最痛苦的时候、大家都要死的时候，一个伟大的人会再往前挺一步，人家倒下去，他还站在那儿。大部分人说我这么富有，我这么有钱了，就往回走了。只有这个人说我还往前挺一步，往前挺一步的那个人就是伟大的人。”有钱了还继续往前一步，原因不会是为了钱，只能是理想和新目标在激励着他，因此马云每隔几年就会提出新的目标和理想。

2004年9月10日，马云在阿里巴巴五周年庆典上说：“我建议大家从明天开始，把我们的80年改为102年，成为中国最伟大、最独特，成为跨越三个世纪的公司。如果能活102年，就是我们最大的成功。阿里最大的成功不是我们有了诚信通、中国供应商，而是创造了伟大的公司。102年我肯定看不到，到了那时，我137岁。我们可以把自己的孩子、孩子的孩子请到这里来，让他们今生无悔。”

还有一个例子是2010年时，马云提出阿里巴巴的三个理想：“一是为1000万企业生存，二是为全世界一亿人创造就业机会，三是为10

亿人提供网上消费平台。”这些理想真的很大，足够激励阿里巴巴的上万员工再激情燃烧好多年了。

附录：马云关于阿里巴巴使命的演讲

很多人创业想发财、想赚钱，为了生存创业。也许大部分人是这样，我觉得我们去创业的时候，是要证明自己是对的，证明自己对的是什么。我们要证明我们可以通过互联网帮助很多人获得财富，互联网会改变人类生活的方方面面，这句话是我说的。

当时我说互联网将改变人类生活的方方面面，没有人理我，我就改成比尔·盖茨是这样说的。我们1994年、1995年开始执着地走这条路，确定互联网要改变生活，我们要帮助中小企业，帮助创业者，帮助弱势群体。

走到今天为止，走到现在为止，我们认为：第一，互联网改变人类生活不错；第二，我们坚持为中小企业服务不错；第三，因为中小企业才有今天的阿里巴巴，不能说我们现在可以忘掉中小企业，或者说我们富的时候忘掉中小企业。我们还是要坚持支持中小企业，我们应该分享、应该互相帮助。在为谁服务这一点上我们是不会改变的，我们为中小企业服务。

我们在座的人，你们加入阿里巴巴以后，很多人讲，来阿里巴巴过了三个月非人的日子，这是高压锅里蒸出来的，这是很难受的。传统行业看不起互联网，觉得互联网是虚的，我可以告诉大家互联网行业的三四年绝对比得上八年、十年的传统行业。

我觉得，大家进入阿里巴巴，生活才刚刚开始。一定要有这样的期望值，一定要fun（乐观）。我们很忙，乱七八糟的事情这么多，我定了四天的休假，结果两天就回来了，脑子里面根本停不下来。其实你说为了钱，forget it（忘掉它），你们应该明白，你们在座的人，你们不需要为了生活而这么努力，我也不需要。

我习惯过89块钱的工资，那时候我最happy（快乐），我现在还觉得那时候的心情好。现在已经觉得不重要了，不为了钱，不为了名。我根本已经忘了，我已经过了这个阶段了。今天的名越多，我的灾难越大，去酒吧，跟人家搭讪都没有机会了，这是很残酷的。

总而言之，有一样东西，在我脑子里面是永远想做的，我们这一代人有一个很好的机会，我们可以改变整个世界，并正确影响世界。我们可以创造一个非常有意思、非常伟大的公司，可以影响人类。以前要把贸易做到全世界，那是用枪炮打的。美国要搞到石油，要打到伊拉克。

但是今天互联网会改变这一切。

制度源于价值观，并靠价值观来完善

企业制度和企业价值观之间是什么关系？

马云的观点是："制度从哪里来？我花很多时间想这个问题，最后终于搞明白，制度是基于文化的。文化有很强的约束力，红线都是画好的，在这样的基础上建立法律体系才管用。""价值观是什么，guide（引导）我们自己，按照这个方向去，正确的路在哪里，中间的游戏规则是什么——双黄线、斑马线、红绿灯。这些游戏规则，就是按照价值观来制定的，否则我们就是一群乌合之众。"

马云对价值观的重视从三个例子就可以看出来。

第一个例子是，在阿里巴巴员工的绩效考核中，业绩只占50%，而与价值观相关的考核则占了另一半。第二个例子是，在阿里巴巴收购雅虎中国时，马云表示"什么都可以谈判，只有价值观不能谈判"，因为他必须借助统一的价值观凝聚人心。第三个例子是，"马云2001年在温州会员见面会推广阿里巴巴时说，阿里巴巴的核心竞争力是"有共同价值观的员工加上迅速满足客户需要的机制"。"如果说阿里巴巴的员工与其他网站的有什么区别，我说，阿里巴巴的员工一定要了解公司的九大价值观"。

马云经常花时间看别的公司怎么失败，他很少花时间看别的公司怎么成功，也很少说别的企业怎么成功，他会说人家怎么失败。马云认为很多企业是败在价值观的缺失上。

在阿里巴巴成立八周年时，福利制度还不完善，很多加入的人希望公司给自己配司机、配秘书，马云说sorry（对不起），我们今天没有，我也不知道我们该不该有。

马云反对这些是因为他发现很多公司的失败是由汽车、秘书、贿赂导致的。如果公司的高管跟任何秘书或任何女人有乱七八糟的事情，公司马上就会有不良信号，下面的人会议论纷纷，事情也会无法挽回。就算开掉这个高管，问题也不会轻易消除。马云还看到有太多公司的问题是汽车导致的，比方说一个公司里接他用宝马，接我只有奥迪，有的人没想这么多，副总裁没有感觉，但是秘书有感觉，怎么我的老板就低一点?

出于防患于未然的目的，马云制定了不配汽车和秘书的政策。此外，马云还反对发月饼、土特产等各种福利，原因同样是怕滋生不良价值观。

马云要求阿里巴巴各个部门、各个公司，不要把公司搞成一个高福利公司，“我们不是一个高福利公司，我们不想成为高福利公司”。今天发这个，明天发那个，一到儿童节发儿童产品，国庆节发国庆产品，这不是好事情，因为这会把员工的品位搞坏。马云认为，真正好的公司不玩这些。如果阿里巴巴每个月、每个季度有更多盈利，这个影响到的股票的溢价，够你买十套房子。阿里巴巴的新员工越来越多，如果不培养这种创业、节约的精神，就会很令人头痛。“我们要不断地告诉大家，我们靠自己的努力去赚钱”。

为什么随时注意上面这些“小事”？马云做过比较形象的说明。我们锻炼身体，天天去跑步是没感觉的，就是觉得稍微出了一身汗。锻炼的意义在于，一个人天天在锻炼，一个人不锻炼，两个人生同样的病时，就可以看到平时的锻炼发挥了很大的作用。平时的锻炼就是价值观的考核，价值观不是等灾难来的时候再去练的，平时就要跑步。灾难来的时候，这个人没运动，就完了，而你活下来了。

马云经常提醒同事们“锻炼身体”（修炼价值观）。2007年公司年会时，马云说：“我看到一些问题，我看到公司的很多同事和干部离客户远了，离铺张浪费近了，我看到我们公司也出现了官僚主义，我看到我们公司一点点地出现了办公室政治。这些确实让我很伤心，但是我又觉得因为刚刚起来，很多问题能够解决。我看是我们的价值观提得少了，特别是干部的价值观提得少了。”

马云的这些做法让人联想起2013年中国共产党的一系列“改进工作作风”的规定：轻车简从，不安排群众迎送，不铺设迎宾地毯，不出席各类剪彩、奠基活动，严格控制出访随行人员，严禁公款赠送贺卡、年历、月饼，严禁公款吃喝、公车私用……这些细致规定的目的，正是杜绝滋生不良的价值观。

重视价值观作用的马云曾先后把阿里巴巴的价值观归结为“独孤九剑”和“六脉神剑”。

马云曾说起“独孤九剑”的来历：“我们的一位高管进阿里巴巴后问我，阿里巴巴有价值观没有？我说有啊。他问，写下来没有？我说没写过。他说把它写下来，想想从1995年开始是什么让我们这些人活下来的。我们总结了九条：群策群力、教学相长、质量、简易、激情、开放、创新、专注、服务与尊重（即“独孤九剑”）。没有这九条，我们活不下来。所以这九条价值观是阿里巴巴最值钱的东西。”

2001年用来概括阿里巴巴九条价值观的“独孤九剑”，来自金庸的《笑傲江湖》。2004年8月，阿里巴巴价值观被精练成“六脉神剑”，来自金庸的《天龙八部》。

阿里巴巴的“六脉神剑”。

客户第一

——客户是衣食父母

尊重他人，随时随地维护阿里巴巴形象。

微笑面对投诉和受到的委屈，积极主动地在工作中为客户解决问题。

与客户交流过程中，即使不是自己的责任，也不推诿。

站在客户的立场思考问题，在坚持原则的基础上，最终让客户和公司都满意。

具有超前服务意识，防患于未然。

团队合作

——共享共担，平凡人做非凡事

积极融入团队，乐于接受同事的帮助，配合团队完成工作。

决策前积极发表建设性意见，充分参与团队讨论；决策后，无论个人是否有异议，必须从言行上完全予以支持。

积极主动分享业务知识和经验；主动给予同事必要的帮助；善于利用团队的力量解决问题和困难。

善于和不同类型的同事合作，不将个人喜好带入工作，充分体现“对事不对人”的原则。

有主人翁意识，积极正面地影响团队，改善团队士气和氛围。

拥抱变化

——迎接变化，勇于创新

适应公司的日常变化，不抱怨。

面对变化，理性对待，充分沟通，诚意配合。

对变化产生的困难和挫折，能自我调整，并正面影响和带动同事。

在工作中有前瞻意识，建立新方法、新思路。

创造变化，并带来绩效突破性的提高。

诚信

——诚实正直，言行坦荡

诚实正直，表里如一。

通过正确的渠道和流程，准确表达自己的观点；表达批评意见的同时能提出相应建议，直言有讳。

不传播未经证实的消息，不背后不负责任地议论事和人，并能正面引导，对于任何意见和反馈“有则改之，无则加勉”。

勇于承认错误，敢于承担责任，并及时改正。

对损害公司利益的不诚信行为正确有效地制止。

激情

——乐观向上，永不放弃

喜欢自己的工作，认同阿里巴巴的企业文化。

热爱阿里巴巴，顾全大局，不计较个人得失。

以积极乐观的心态面对日常工作，碰到困难和挫折的时候永不放弃，不断自我激励，努力提升业绩。

始终以乐观主义的精神和必胜的信念，影响并带动同事和团队。

不断设定更高的目标，今天的最好表现是明天的最低要求。

敬业

——专业执着，精益求精

今天的事不推到明天，上班时间只做与工作有关的事情。

持续学习，自我完善，做事情充分体现以结果为导向。

能根据轻重缓急来正确安排工作优先级，做正确的事。

研究者指出，“六脉神剑”是高度精神化的：“六脉神剑”里“三剑”说做人——诚信、激情和敬业；“两剑”说做事——团队合作、拥抱变化；“一剑”是阿里精髓——“客户第一”。

马云认为，KPI让我们正确地做事，价值观则指导我们做正确的事。天下没有一套制度是完美的，制度不完美，靠什么去完善？靠人去完善，靠有价值观的人去完善。

2007年阿里巴巴B2B公司上市前梳理过一次企业制度，发现公司很多财务制度搞得很不完善，但从没出过任何问题。有些公司规章制度都有，但出现了很多这样那样不该有的问题。原因是什么？当时公司高管分析，阿里巴巴是在价值观坚守上做得最好的一家公司。人的完善、价值观的完善，补充了很多制度的漏洞，天下没有一个制度可以覆盖所有的事情。

领导者、管理者必须从价值观出发，决定是否做事。

马云喜欢想未来的事。30年以后阿里巴巴有可能进入生物科技，有可能进入月球探索，那个时候他肯定不是CEO（首席执行官），也不知道下一个CEO会把企业带到哪里去。但企业的价值观不能变。马云估计包括他在内的阿里巴巴元老在30年后已经去世的可能性不太大，只要他们这批人还活着，“三四十年以后的CEO还是要听我们的，认同我们的文化、价值观。我们等于是长老院里面的人，我们还是要决定我们认为对的事情”。

阿里巴巴不仅要用价值观为企业决策把关，还要积极地向新员工传播价值观。马云曾阐述传播价值观的好处：“你们的股票传给子孙，变成几十倍、上百倍，是要靠新的员工去干的。他们有使不完的力气，你教他们，让他们去努力，把你以前的文化传递给他们，你的成长也会越来越快。这是我希望在座的每个人去做的事情，我拜托大家、请大家去做这件事情。”

在向新员工传播价值观方面，阿里巴巴有一套系统的方法。

招聘时，阿里巴巴筛选出了具有相同价值观的人；入职后，阿里巴巴会提供一系列企业文化方面的培训，主要包括对普通员工的“百年阿里”、“百年淘宝”培训，以及针对销售人员的“百年诚信”、“百年大计”培训；新员工享有三个月的师傅带徒弟和HR关怀期，在入职6～12个月的时候还可以选择“回炉”接受再培训；阿里巴巴创办了内部邮件杂志《感动阿里》，内刊《阿里人》；设立高管公开信箱、内网供员工们畅所欲言；员工关系部还创办了内部礼品专卖店，通过赋予每一件商品独特的故事背景，使阿里巴巴的品牌内涵更加饱满和真实。

阿里巴巴“化虚为实”的太极式企业文化落地法值得很多企业借鉴。

拥抱变化：动态平衡的艺术

21世纪的根本特征是变化成为常态，如何应对变化非常考验企业领导者的功力。

马云应对变化的思路可以归结于太极哲学。

马云认为，中国的道教讲阴阳互动，千万不能把任何东西单一看待，阿里巴巴所有的东西都是按照太极图来看的。什么时候坚持、什么时候放弃、什么时候变化，需要仔细权衡，好好把握。而有很多公司做判断是绝对性的，要么是这个样子，要么是那个样子，一刀切。

五年十年内，速度是互联网存在的前提，互联网企业需要速度。但这个世界上速度最快的公司，未必都做好了。要速度很快，再加上把握好的公司，才能真正成功。

马云强调，阿里巴巴要把握好不变的使命与不断变化的其他一切之间的关系。

阿里巴巴有一样东西是永远不会变的，那就是使命感。帮助全世界、全中国中小企业，帮助创业者，帮助弱小的群体成长，让天下没有难做的生意。

在这个使命不变的情况之下，竞争环境在变，对手肯定在变，市场也在变，成熟度在变，企业的人才配置、资金状况在变，如果公司的战术不变的话，公司肯定会死在这上面。那么，拥抱变化和永不变化的东西如何配合好?

史玉柱当年的巨人公司一夜之间起来，速度很快，但是他没有把握好。矛盾一下子涌现出来，巨人一下子倒塌掉了，这个体系很脆弱。很多快速增长的公司都有这个问题。

马云再以他儿子为例说明这种危险情形：我儿子现在已经长到一米七八了，他才十四五岁，人家一看到他，这个人这么大啊，其实他的脑子只有十四岁，你如果看到一米七八的人，以为脑子也是一米七八的脑子，那就错了。阿里巴巴才八年，这八年的影响力绝对超过传统行业三十年，但是公司制度体系的完善、行业的成熟度、企业员工的成熟度，其实还是创立八年的公司的水平，甚至很多时候还远远不如其他创立八年的公司。“如果我们的人认为我们每个人都能打天下，我们的人认为我们完美无缺，那就惨了”。

那么，在快速变化的过程中快速完善制度就没有危险了吗？马云认为没这么简单，因为不少大型企业的制度是很完善的，制度条例汇集在一起能成为很厚的一本书，但没有用，很多企业都死掉了。制度是约束自己的，没有制度不行，制度太多也不行，在动态之中把握好才是公司治理的精髓。

激情源于发自内心的使命感

激情有多重要？马云认为，判断一个人、一个公司是不是优秀，不要看这个人是不是哈佛毕业，是不是斯坦福毕业，不要看公司里面有多少名牌大学毕业生，而要判断这帮人干活是不是发疯一样，看他们每天下班是不是笑眯眯地回家。

什么叫激情？激情就是三十年做下来，还是热情澎湃，这就叫激情。我们很多激情都只有三天、三个小时，过会儿就没有了。马云举了一个例子，他在日本看到一个很小的店，写着“本店开业148周年”，他进去一看，大概只有15平方米，一代代经营下来。它是做点心的，卖到皇宫里面去了。

那么，持久的激情从哪里来？新天地的老板给马云讲了伦敦一家奶酪店的故事。

有一次新天地的老板来到伦敦。伦敦最热闹的街是牛津大街，寸土寸金之地。他进去以后在最热闹的地方发现有一个小店，门面还不小，上面写着卖cheese（奶酪）。奶酪是很便宜的东西，而牛津大街的店一定要卖昂贵的东西才能维持。他出于好奇进去了，里面有一个老头，胡子拉碴的，很认真很起劲地在干活。他问那个老头这个店的租金是多少，他是如何在地价这么高的地方维持生意的。那个老头回答说，年轻人，这些店和楼都是我的。我们家都是卖cheese的，从我的爷爷的爷爷到我都是卖cheese的，我的儿子现在就在伦敦街边上做cheese，他做我来卖。我们的兴趣和爱好就是做英国乃至欧洲最好的cheese。现在家里面靠出租房子生活没有问题，但是我们还是要做cheese。那个新天地的老板说，他从来不买cheese的，结果那天买了五十多英镑的cheese，一大包拎回去。

马云从这个故事得到的启示是，做生意，做任何产品，只要你有兴趣，投入爱，有激情，就一定可以持续。

马云认为做自己有兴趣的事才会有持久的激情：“这世界上有很多东西是可以做的，但是你真正想做的事情并不会很多，你真正想做这件事情的时候，你才会源源不断地产生激情。轮到别人叫你做的时候，就惨了，跟别人强迫你做差不多。”

那么，马云本人激情的来源是什么？他曾回答过这个问题：“不是财富。我开的是商业公司，对钱很喜欢，但我用不了，我不攒钱，我没有多少钱。从大的方面说，我真的就想做一家大的世界级公司。如果我早生十年，或是晚生十年，那么我都不会有互联网这个机会，是时代给了我这个机会。在制造业时代，在电子工业时代，中国或多或少都错过了一些机会，而在信息时代中国人有机会，我们刚巧碰到这个机会，我一定要做，不管别人如何说，我都要做下去。我们学得快。在这个过程中，勇者胜，智者胜。”

激情的象征是笑容，阿里巴巴的logo（标志）是微笑。阿里巴巴有些员工不笑了，马云感到有些担心，亲自阐释了阿里巴巴微笑文化的深层含义：

“记得在创业的时候，员工超过200位了，我记不得他们的名字和面孔。但是一个陌生人进来，我一下子就能判断出他是不是阿里巴巴的员工，靠什么？靠笑脸。

“今天我发现我们公司多了很多很酷的人，不笑了……要保持smile（微笑）。要让别人觉得阿里巴巴这帮人就是这么开开心心、快快乐乐的。如果有一天阿里巴巴的员工都能做到这样，我们的公司就不一样了，就独特了。

"这是从心里面来讲的。当然要真正做到smile，是很难的。但是如果我们每天强迫自己smile，慢慢地，你就会有出息。当有人在懊恼，我不爽啊，你还是要强迫自己去smile。我们经常说，我们的logo（标志）在每个员工的脸上。从现在开始，我希望每个干部、我们每个manager（管理者），首先说let us smile（让我们微笑吧）。我们smile，我们是在做我们的logo，这是我们的文化，我们微笑的文化。"

"客户第一"才能赚到钱

马云发现了一个规律："一个公司里有几个厅局长的子女在，那这公司基本啥事也干不了、成不了，因为你每天要处理的是这些人的关系和利益。"马云认为，做企业没有捷径，企业最大的靠山是市场，是客户。所以，"眼睛盯住客户，脑子里想着市场的变动才是未来"。

马云告诉他的高管们"忘记手中的剑"，不要整天盯着报表、利润、股票等数字看，而要看"你为客户做了多少事情，创造了多少价值，多少人因为你做的事情，成为了公司的客户"。

一般企业的组织结构图是正三角形，上面是CEO，下面是副总经理，然后是部门经理，然后是员工，然后是客户，企业都是这样做的。而在阿里巴巴，组织结构图中客户是在最顶层的，以此体现客户第一的价值观。

“客户第一”的价值观不是在组织结构图中一放就完了，它是要指导企业行为的。

比如阿里巴巴集团旗下的支付宝在决定一个业务是不是要做的时候，不是问这个业务可以赚多少钱、这个业务竞争对手怎样。而是问这个业务是给谁做的、客户到底需要不需要这个业务。

还有一个例子是在阿里巴巴B2B公司上市后三个月，股价出现波动，从最高41.80港币一度跌到3.46港币，马云却坚持不采取任何行动提振股价。“所以我跟所有员工和股东讲忘掉股价。”马云说，“我们坚守对客户的承诺、对员工的承诺，我们承诺的不是股价，我们承诺的是业绩，我们承诺的是帮助了多少客户。”

在股价波动时，马云的原则是不为提振股价做短期行为，坚持以客户为导向。马云对部下说：“你记住，没有客户的支持我们不会走到现在。今后，在股市上，没有客户的支持，我们也不会走下去。股东，股市上的股东，原则上绝大部分都是短期的。股票一掉，形势不好，那跑的是他们，我们没法儿跑，我们得守在这条船上。我们永远会倾听客户、会倾听员工、会倾听股东，但是我们最最重要的，一定要把哪个排第一的话，一定排客户为第一。”

阿里巴巴“客户第一”的价值观集中体现在其技术观念上。

马云会从“客户第一”的角度来评价电子商务产品或服务的好坏：“将电子商务还给商人，就是让商人来决定需要什么样的电子商务，用商人能听懂的语言，开发商人能使用的技术，让商人来控制电子商务的发展。电子商务就是利用先进的手段，增加贸易机会，提高生产和贸易效率，降低生产和贸易成本。再好的技术、再完美的产品如果得不到市场的认可，就不会对社会生产产生影响。因此，一个产品、一种服务的好坏不是由评论家或媒体来判断的，而是要看企业是否能从中获益。”

马云认定阿里巴巴不是一家IT企业，“电子商务就是一个工具，阿里巴巴是个服务公司”。作为一家服务公司，“客户第一”自然会是第一重要的价值观。马云认为，技术就应该是傻瓜式服务，技术应该为人服务，人不能为技术服务。阿里巴巴能够发展这么好，主要是马云自己不懂技术，因为有85%的商人跟他一样不懂互联网技术。不懂技术的马云要求阿里巴巴的技术非常简单，使用时不需要看说明书，一点就能找到想要的东西。这样的思路不仅迎合了马云的喜好，也迎合了同样不擅长复杂操作的普通商人的喜好。

马云在企业内部强调，阿里巴巴不做高科技公司，不去拿优惠政策。跟客户讲的时候你越低越好，你跟客户说你是高科技，客户会崇拜地看着你，但不会买你的产品。高科技离普通客户太远了。所以要说我们不是高科技，不是IT企业，我们是商务服务公司，互联网不是什么高深的东西，互联网是一个工具，电子商务就是一个工具。

马云2011年再次语重心长地告诫同事一定要设身处地地为客户开发产品：

“我们以前的产品尽管简单，但是实用，今天在座的有多少人真正了解小企业的痛苦，创业的痛苦？

“真正了解（它们）痛苦的是（阿里巴巴）那些直销人员，他们一家一家去敲门，最为辛苦，但是他们没办法把信息反馈回来或者没办法参与后台建设。后台产品越来越多，但是到底有多少是真正能够帮助到小企业的？

“我有时候去看那些小企业，确确实实挺难过的，它们每天有希望、有期待，我们每次的服务出来，它们总是在用，希望能够给自己多带点订单，希望给自己多带几个客户，这不是儿戏，这是它们生存的命根子。

“我希望大家知道这不是一份工作，因为你的每一个程序，你的每一项功能，你的每一条编辑，真正影响到了别人的家庭，影响到了别人的收入，影响到了别人的企业能不能生存、能不能发展，我们真正做企业，就要真正帮助别人生存。”

“客户第一”的价值观在阿里巴巴的形成有一个有趣的起因。

在所有的互联网公司都挖空心思赚客户钱的时候，马云的想法是反正创业初期的阿里巴巴赚不到钱，所以还不如挖空心思帮助客户成功。所以服务的意识在2001年、2002年就已经深入地放到了阿里人的意识里，到后来阿里巴巴六大价值观的第一条就是客户第一。

关于“客户第一”，阿里巴巴的阐述是，客户是衣食父母。无论何种状况，始终微笑面对客户，体现阿里巴巴的尊重和诚意。在坚持原则的基础上，用客户喜欢的方式对待客户。为客户提供高附加值的服务，使客户资源的利用最优化。平衡好客户需求和公司利益，寻求并取得双赢。

差异化是企业竞争的三大战略之一，马云认为，“客户第一”带来的优质服务在某种程度上是一个成功品牌最重要的、可持续性的差异优势。产品是容易被竞争者仿造的，而服务则因为依靠了组织文化和员工的态度，很难被竞争者模仿。超过六成以上的消费者是因为服务行业的服务水平低或不满意而放弃曾经选择过的品牌（商家）。但如果商家能及时处理好各类投诉，就能挽留住不少顾客。

很多公司的市场部喜欢申请很多预算买礼品搞活动，马云认为这是歪风邪气：“我那天跟Marketing（市场营销部）讲，Marketing只要提到礼品，基本上就出问题了。我们现在搞任何活动都要做一件T恤衫，如果出去Marketing，你要靠礼品，而不是靠真诚，不是靠服务，那就完了。Marketing动不动就谈预算，那是愚蠢的。现在外面的人是这么讲的，作为一个大公司，我们Marketing真的做得太好了。去年预算两个亿，今年老板给我四个亿，后年给六个亿，那是笨蛋。应该说我们公司去年越来越好，前年预算三个亿，去年1.8亿，现在1.2亿，明年只有八千万，我们还是一路向上，那才叫好。”

不靠礼品靠服务，那服务的关键是什么？马云告诉他的同事：“客户要的不是服务，客户要的不是程序，客户要的是体验。我经常讲这个话，咱们写程序的时候，你（要）知道你在给别人做体验。我们在做服务的时候，接电话的时候，是给人家一种感觉。放下这通电话的时候，尽管这件事情处理不好，他都觉得‘哎呀，淘宝的人太好了，这件事是我错了’，或者‘这件事他确实做不了，但是这些人真是尽心尽力了’。”有了好的体验，才会有信任，才会持续地使用淘宝，成为淘宝的长期客户。

马云反复给他的同事灌输：“淘宝运营的不是交易量，淘宝运营的是体验，淘宝运营的是‘信任’，淘宝运营的是‘良好的商业生态环境’。今天当他们开始做电子商务的时候，淘宝应该利用我们八年的积累，去思考，回到基本点。”“人家在做交易额，人家在做营业额，人家在做电子商务，我们这个时间（阶段）已经过去了，我们今天要做的是upgrade（升级），我们真正到了体验、信任、生态环境的阶段。”

坚持客户第一的阿里巴巴怎样赚客户的钱？马云的思路很有意

思，先帮客户把蛋糕做大，然后从中分一小块。

绝大多数做生意的人会想客户口袋里面的钱，看到张三口袋里面有五块钱他就想怎么把这个钱弄到自己口袋里面，几乎所有人都这么想。马云认为，如果希望成就一个伟大的企业，希望企业做成像海尔、海信，像GE、IBM（国际商业机器公司）、微软这样的企业，你要想的是如何用我的产品帮助客户将口袋里面的五块钱变成四五十块钱，然后从多出来的钱里面拿到自己想要的四五块钱。

阿里巴巴是帮助客户赚钱的企业，可以采用做大蛋糕、利益均沾的思路，那普通的企业该怎么通过客户第一的思路赚钱呢?

针对这类企业，马云经常讲一个典型案例。杭州有一个很有名的饭店张生记，它在杭州、上海、南京、北京开的连锁饭店很多，都需要提前几天甚至是一个星期预订座位，生意非常火爆。而六年前马云到这个饭店消费时，这个饭店还没有几张桌子。马云点好菜后在那儿等，过了五分钟，经理来了说："先生，你的菜再重新点吧。"马云问："怎么了？"他说："你的菜点得不好，你点了四个汤一个菜。你回去的时候，一定说饭店不好，菜不好，实际上是你菜点得不好，我们有很多好菜，应该点四个菜一个汤。"马云觉得这个饭店很有意思，为客人着想，不会像别人看见有客人来，就说龙虾怎么好，甲鱼也不错。他会对你讲没必要点这么多，两个人点这些就行了，不够再点。大家会感觉他是为客户着想，客户满意了，他才会成功。

马云经常以杭州张生记的服务为例告诫阿里巴巴的销售部门：“你们做销售非常关键的一点，你们的眼睛不要盯着客户口袋里面的钱。如果你眼睛盯着那里面的钱看的话，是不可能把客户服务好的。你可能也会赚他一时的钱，但是客户终究有一天会逃走。”

团队合作，平凡人做非凡事

马云一直将自己和阿里巴巴的成功归结为团队合作。

《赢在中国》节目播出后，本已享有盛名的马云声誉更上一层楼，马云却说：“很多人觉得《赢在中国》中马云讲得很有道理，我觉得都是屁话，不是因为我能干，而是阿里巴巴集团给我带来的光环。阿里巴巴的业绩，阿里巴巴的团队，阿里巴巴的整体，使得我出去讲话人家要听。这个我们一定要懂，你能干不是因为你，而是因为你的团队，你以前的团队，你今天的团队，你的团队使你讲话有人听。”

马云认为阿里巴巴的成功不是因为某个人特别牛：“我不认为阿里巴巴有伟大的人，至少马云肯定不伟大。很多人认为阿里巴巴马云怎么那么厉害，今天好的也是我的“功劳”，坏的也是我的功劳，其实好的跟我没有关系，坏的可能也跟我没有关系。我是这么觉得，今天阿里巴巴做得这么好，淘宝做得这么好，支付宝做得这么好，是陆兆禧他们在工作，把事情一点一点做出来。卫哲进来以后，我跑进去讲两句话，可能反而搞坏了。但是外面的人不这么看。”

阿里巴巴如此庞大，不是马云一个人能支撑得起来的，其成功确实凝聚了团队里无数人的心血。

2001年加盟的曾在美国通用电气工作了15年的香港人关明生，在阿里巴巴团队文化、价值观的建设方面起到了关键作用。在关明生的逼问下，马云终于将一直存在脑子里的企业目标、使命、价值观写了下来。“客户第一，员工第二，股东第三”作为阿里巴巴的理念被确立下来，多年未改。

一个曾在阿里巴巴工作过的人在网上写过一篇匿名文章，对关明生推崇备至：“原COO关明生，这个从美国通用公司出来的可敬的老人在任期间极力推崇价值观，公司里的每个人不仅要对九大价值观倒背如流，而且也要在工作当中身体力行，并作为KPI考核中的重要部分，哪怕你工作业绩再好，但无法认同公司的价值观，那对不起，请立马走人！那时的阿里巴巴，人和人之间的关系非常融洽，公司上下充盈着一种团结祥和、奋发向上的气氛，并深深影响着后来进来的新人。”

马云对蔡崇信、关明生等人的加盟也做出了高度评价：“我不是让这帮人跟着我走，而是我跟着他们走。我每年向他们报告下一年度目标，这些报告里面的内容很多来自他们的提议。”

淘宝是阿里巴巴集团的一大核心业务，这个业务发展得这么好，马云不敢居功，他说：“今天对淘宝的了解，陆兆禧比我高出不知多少，因为他90%的时间都花在淘宝，我大概只有不到10%的时间花在淘宝，我不可能比他懂得更多。”“网上说淘宝、阿里巴巴、支付宝这个产品做得真好，马云真聪明，其实跟我一点关系没有，我都不知道有这个产品。”

淘宝首先是一群普通人的作品。

2003年的春天，马云和几个高管跟十几个忠诚可靠的员工依次谈话。马云一脸严肃地告诉他（或她）：“公司有一个秘密任务需要你去完成，如果你愿意去做，那么就在桌上这份文件上签字；如果不愿意去做，那你可以离开办公室。但无论是否愿意，你都必须承诺保密，如果你签了这份协议，那就必须单独与一个团队工作一阵子，甚至连家人也不能告知。”

出于对公司和领导的信任，这十几个人全都在这份没怎么看懂的全英文文件上签了字，然后得知了秘密任务是：做一个像eBay那样的C2C网站出来，30天之内上线运营。

但随后就爆发了SARS疫情，阿里巴巴的计划都被打乱了，连办公室都被封锁了。马云向这群人表了两个态：“好好干吧，公司就指望你们了！”“放心大胆地干吧，做砸了也不要紧，公司随时欢迎你们回来！”

这群“地下党”在2003年4月10日回到阿里巴巴当年的创业基地——湖畔花园，从此吃住都在湖畔花园的公寓里，每周只能回家一天。三个工程师做网站开发，负责运营和服务的人员则每天研究eBay易趣，还成天泡在其他C2C网站的社区里，和会员们聊天谈话，询问他们对心目中理想的C2C网站的想法，打听他们的使用习惯。2003年5月10日，经过这群孤军奋战的人的昼夜工作，淘宝网成功上线！打开淘宝网时，马云感到难以置信，他们竟然真的做到了！

淘宝网抢在SARS期间上线运营，占据了有利时机，客户得以迅速增长。

阿里巴巴的团队也成功经受了很多的考验。

2003年4月30日，阿里巴巴的一名员工被确诊得了SARS，之前杭州确诊的总共才三例。阿里巴巴在杭州一夜成名，人人避而远之。马云要给被感染的那名员工家属道歉，还要给整座办公楼里面的其他公司解释——当时有人冲到阿里巴巴咆哮，你们干吗要派人到广州去，是你们把SARS招来的！

但阿里巴巴内部没有军心涣散、乱成一团。阿里巴巴几乎所有的员工都要被隔离在家，他们把电话带回家，家里全部装上宽带，保持着与客户的联系和沟通！在整个隔离期内，阿里巴巴给客户的感觉就是运营一切正常。

在灾难面前，阿里巴巴人没有抱怨，却相互鼓励，利用邮件或即时通信工具紧密交流。为了消除单身员工独处的心理孤独，阿里人甚至利用视频，在全公司范围内举办了好几次卡拉OK大奖赛！

最终的结果是：阿里巴巴的电子商务优势在SARS这个灾难时期得到社会各界的一致肯定与赞赏，营业额突飞猛进！

马云自豪地说："我们的团队打赢了一场零伤亡的漂亮战役，我为有这样的团队、有这样的年轻人而自豪，我们的战斗力、凝聚力经受住了最严酷、最伟大的考验！"

看了上面的两个故事，我们更容易理解阿里巴巴团队文化里讲得最多的话："我们是平凡的人，在一起做一件不平凡的事情。"

马云所说的"平凡人（团结起来）做非凡事"也是华为总裁任正非的理念："华为公司以前实际上是三流人才的公司，一流人才、二流人才跑光了，但是我们为什么能胜利，就是因为我们团结，团结起来就是巨大力量，全世界没有一个公司拥有15万人还像我们这么团结。"

团队运营有很多问题需要解决，马云强调了领导者的"关心”“沟通”和“空降兵”的“转念”。

很多人抱怨管理不好团队，马云指出一个重要的原因是很多管理者没有做到关心每个下属。

马云认为，一个优秀的将军、优秀的领导者总会知道自己的部下出了什么问题。部门总共六七个人，你的部下闹离婚，你都不知道；这个人要辞职，明天告诉你我要辞职的时候，你觉得吃惊。而一个人辞职，一般要考虑一到两个月，在这一两个月，迹象多少会表现出来。

你没有感受到，那就是你错了，你要想补救都来不及了。因为人们大多是比较理性的，是想清楚了才要走的。一定要去查为什么，我为什么没有关注到，是什么原因？领导者要自责，为什么他没有告诉你。

马云强调，提拔一个员工做管理者之前，要告诉他：“昨天个人成功就是你的成功，明天别人成功才是你的成功，你愿不愿意走这条路？向你报告的七个人，他们家庭的快乐，他们每天的喜怒哀乐，他们的收入，他们的奖金，他们买房子、买车的梦想，基本上靠在你的身上，你是不是承担得起这个职责？……每天给对方考核的就是KPI，你辅导他没有，让他成长没有？……要做事，先做人，所以我让所有管理者首先做人。”

在公司努力减少层级的同时，领导者要重视充分沟通，透明化管理。马云认为：“一个人干活，一定是效率最高的。变成组织以后肯定效率低，沟通成本特别高，这就需要不断沟通。”“古人讲得好，以正治国，以奇用兵。国家是不能用智慧进行管理的，国家是用正气来管理的。何为正气？那就是公正，那就是透明，那就是稳定。以奇用兵，对付敌人是用智慧的，奇乃智也。对付自己的员工用智慧，胡扯。”

怎样才能真正融入一个团队？马云也开出了药方。

如果你认为你是空降兵，you are（你就是），你认为你是子弟兵，you are（你就是）！第一天来，你觉得自己是阿里巴巴的子弟兵，你就是了。你心里觉得自己是空降兵，所有人也会觉得你是空降兵。你觉得自己条件比别人好，说出来的话好像很懂的样子，而别人却觉得你不懂，你就惨了。

你是谁是你自己决定的，不仅在阿里巴巴，在任何公司都是。你一进公司，如果你认为，你就是阿里巴巴的子弟兵，你就会成为子弟兵，你认为你是空降兵，是带大家走出苦海的，I am sorry（对不起），他们说我们就喜欢这个苦海，我们就适应这个苦海，那就完了。

附录：2013年5月10日阿里巴巴新任CEO陆兆禧演讲实录

陆兆禧的演讲中反复出现阿里巴巴的使命、梦想以及客户第一、团队合作、敬业（责任）等价值观，在通篇演讲中我们找不到业绩目标，因为有了使命感和价值观这个善因，自然会产生良好业绩这个善果。

各位阿里的家人、亲朋好友大家好！今天是我加入阿里巴巴第13周年的最后一天，明天将是第14周年的第一天。此时此刻，心里面只有感恩，因为马总说我们是幸运的，而我觉得我是很幸运的，因为从明天开始，我将传承阿里巴巴的使命、我们的价值观、我们的责任，传承我们开放、透明、责任、分享的互联网精神。

我在阿里巴巴B2B工作三年多，到支付宝工作三年多，后来又在淘宝工作了四年，又回到了B2B，后来又去管大数据，也做了我们的手机操作系统云OS。在这个过程中，学了很多，但是更多的是感悟，是你们让我成长，是客户让我们成长，在这里我特别感谢你们，感谢马总，因为我最初只是在酒店里工作的服务生，但今天拥有这么一个机会能够传承阿里巴巴的文化，坚持我们的梦想，那是一件最光荣的事情。阿里巴巴走过了13年，要说有什么东西值得我们继续坚持的，那就是我们的使命，就是我们的价值观。

我们坚持客户第一，未来我们会继续坚持，继续传承。我们讲服务，未来我们由服务走向体验，体验需要我们，不是像我以前在酒店里不断地面对客人说“您好”，真正的体验是一个产品的友好和用户的贴心和贴身。今天在阿里巴巴这个平台上，我们因为拥有了那么多用户，那么多的数据，我们有这样的机会让每个客户登录到我们的平台上面，都有自己的一片空间，都知道阿里巴巴、淘宝是为他所定做的。所以希望我和我的团队一起，把这个任务完成好，让阿里巴巴的用户在我们的平台，有最好的体验。

第二，要传承创新。13年以来，从B2B到淘宝，到支付宝，到聚划算，到云计算，到手机操作系统，到我们的阿里金融，我们的创新一路走来，创新承载了我们的业务，承载了我们的未来。我跟我的团队会更加积极地推动我们公司内部的创新，无论在薪酬福利、内部的奖惩制度方面还是晋升制度方面，鼓励那些敢为人先、敢于承担责任的人，希望我们更多的老人做新业务，新人做老业务，更多的老同事能够站出来，把我们的创新传承下去。

最后，还要强调一点，阿里巴巴13年以来做的最好的一件事情，除了我们坚持梦想，还有我们团队的强大执行力，记得在中供的时候，我们无数分布在各地的区域经理，当接到总部调令的时候，第二天也不问为什么，拿起行李就到新的区域、新的岗位继续战斗。记得在每一封淘宝阿里的邮件中，最后大家都会有这么一个签名：此时此刻非我莫属。这是一种承担，是一种责任，而背后支撑我们的是我们习以为常的执行力。再大的梦想，再远的规划，都需要执行，执行让阿里巴巴的战略变得越来越灿烂，执行让我们的舞台越来越大，因为我们的执行力，客户越来越相信我们，越来越愿意把他赖以生存、发展的地方放在阿里巴巴、淘宝、支付宝——我们的平台上面。

感谢我们的客户，感谢我们的伙伴，也感谢我们的竞争对手，让我们能保持清醒的头脑，我们的客户给我们温暖，淘宝经过了七年不赚钱的阶段，支撑淘宝发展的是客户的认可。未来能够支撑我们继续往前迈进的是我们的梦想，还有家人温暖的目光，希望我们无论在何时何地，都能获得客户、家人、伙伴和朋友的支持，希望大家在阿里巴巴、在淘宝开心、愉快！谢谢大家！

PART 4

企业扩张的关键时刻，马云大举建设生态系统

太极的哲学意向是阴阳图，阴阳变化的起源是日夜交替，也就是说太极源自于“道法自然”的最高理念。马云近年来专注于企业的生态系统建设，这也是“道法自然”理念的运用。

太极的哲学意向是阴阳图，阴阳变化的起源是日夜交替，也就是说太极源自于“道法自然”的最高理念。马云近年来专注于企业的生态系统建设，这也是“道法自然”理念的运用。

阿里巴巴不是商业帝国，是生态系统

2007年9月28日，阿里巴巴召开集团战略会，明确提出未来十年集团的战略是“推动建设一个开放、协同、繁荣的电子商务生态系统”。

为什么要建设生态系统？国家可以活几百年，宗教可以活上千年，生态系统可以存在上万年。“取法乎上，得其中”，像生态系统那样来建设企业，最有利于基业长青，这也符合“人法地，地法天，天法道，道法自然”的哲理。

马云认为公司本来就是生态系统：“假如今天外面的物流没有这么发达的话，淘宝有那么牛？假如没有后端工程师不断去写程序，你前端客服能那么牛？假如没有前端客服人员不断化解那些埋怨和抱怨，你工程师写得再好，你能够卖出去？这就体现了公司本身就是一个生态系统。”

马云2012年强调公司各业务部门要打通，形成一个生态系统才有生命力：“公司各个业务要做通了，支付宝、淘宝、一淘、阿里，整个下面的数据要通，信息要通、资源要通、人要通。我们现在是一块一块孤岛，这是要出问题的。”“我现在最头痛的问题是我们想做的事情很多，一做就马上自己拉一支团队，什么东西都自己干，也不看集团内部谁在做。自己想做了，脑袋一拍就上了，反正有人，反正不行可以加预算。然后为了保持自己的团队独立，每个人建立一套编制。所以我问很多同学，你这个部门成立到今天为止，你利用集团其他部门了没有，利用其他的资源、其他的人没有？”

生态系统的一个核心特征是“物种多元化”，因此阿里巴巴对业务进行了多次拆分。马云认为拆分将增强阿里巴巴的竞争力：“假如十年以前微软主动拆分的话，可能今天也没有Google什么事儿，至少没有这么easy（简单）。”

2011年，原淘宝公司被拆分成三个子公司：淘宝网、淘宝商城（现在的天猫）和一淘。两三年下来，发现拆分后每个子公司确实都发展得很好。于是，阿里巴巴集团继续进行拆分重组。

2013年1月10日，阿里巴巴集团在杭州宣布，为了面对未来复杂的商业系统生态化趋势，以及无线互联网带来的机会和挑战，集团现有业务架构和组织将进行相应调整，成立25个事业部，具体事业部的业务发展将由各事业部总裁（总经理）负责。

基于上述构筑商业生态系统的需要，阿里巴巴集团的原有业务决策和执行体系亦将发生变革，新体系由战略决策委员会（由董事局负责）和战略管理执行委员会（由CEO负责）构成。

25个事业部及负责人如下。

姜鹏：共享业务事业部、商家业务事业部、阿里妈妈事业部（展示广告、P4P、淘客联盟）、一淘及搜索事业部。

张勇：天猫事业部、物流事业部（天网）、良无限事业部、航旅事业部。

张宇：类目运营事业部、数字业务事业部、综合业务事业部、消费者门户事业部、互动业务事业部。

吴泳铭：无线事业部、旺旺与客户端事业部、音乐事业部。

张建锋：聚划算事业部、本地生活事业部。

陆兆禧：数据平台事业部、信息平台事业部、云OS事业部。

王坚：阿里云事业部。

叶朋：B2B中国事业部（CBU）

吴敏芝：B2B国际事业部、B2C国际事业部。

仅仅半年前，阿里巴巴刚刚经历了一轮架构调整。调整后的组织体系被戏称为“七剑下天山”。它包括淘宝、一淘、天猫、聚划算、阿里国际业务、阿里小企业业务和阿里云七大事业群。那为什么马云又急于进行进一步的拆分呢?

从管理学角度看，阿里巴巴的进一步拆分有助于各事业部的专业化，释放其活力，从而有利于各自发展目标的实现。管理学大师彼得·德鲁克对此有深入论述。

“组织是一种‘工具’，就跟任何工具一样，分得越专门，就越有效果，越能完成工作。

“因为组织是由各类专门人员所组成的（他们每个人都有各自本身专精的知识领域），所以组织的目标必须相当明确。每个组织必须专注于一个目标，否则它的成员会乱得像多头马车一样。结果，他们会循着自己的专业各行其是，而不是把精力用在组织目标的完成上。组织成员会各凭自己的专业想法，自行决定组织的目标应该是什么，同时也会把自己的价值观强加到组织上。只有集中在一个明确的共同目标下，组织成员的力量才能结合起来，发挥相乘的功效。如果没有，那么这个组织很快就会没落。

“最能显现现代组织的特质的要数交响乐团。一个有250个成员的交响乐团，每个成员都是专才，都是某项乐器的一流演奏者。可是，每个成员，光凭自己是无法奏出交响乐来的，只有整个乐团合奏才能做到。这个乐团之所以能合奏出交响乐来，是因为这250个成员都有同一份总谱，他们都在一个共同目标下，贡献出一己之长。在任何给定时间，他们都可以合奏出同一首交响乐来。”

资深互联网业内人士、雅虎中国公司前总经理谢文认为阿里巴巴的这一轮事业部调整“现在看起来有不少的矛盾，现在变成25个，其实就九个人管，很多都是一个人管六个事业部，其实还是过去的那个公司的路子。可见这个变化还是连续变化当中的启动，这个局面不可维持，我觉得一年之内还会有变化。你听说哪个公司有25个事业部？而且分得很乱，你说它是按什么分成25个事业部的？有六七个标准在里面。以音乐事业部为例，音乐事业部和数据产品事业部这怎么分啊？音乐难道不是数据产品吗？所以还是将就现在的状态勉勉强强先分了，以后还有的是调整”。这个观点可以从马云的内部邮件中得到印证。

马云在内部邮件中鼓励大家要以积极心态面对持续的变革和调整，说明了拆分有利于各部门业务和团队的发展，还强调了各事业部要加强协同，拆了之后还得连接起来，形成“同一个生态，千万家公司”的良好社会商业生态系统：

各位阿里人，这是阿里13年来最艰难的一次组织、文化变革！

因为这不是一次我们看见了问题的变革，也不是一次水到渠成的变革，而是我们对未来理想的实施。因为我们在做没人做过的尝试。

阿里提出建设商业生态系统而不是商业帝国的思想已经几年了。几年来的努力让我们更加认识到了这个方向的正确性。但是光有思想是远远不够的，我们需要用人、组织和文化来保障它的成功。

但究竟啥是生态系统应该有的人才、组织和文化？我们无法从任何前人的经验里获得，但我们必须尝试，而这个尝试的代价是我们需要付出10年、20年甚至更长的时间去试错、完善、改变的。

变革是痛苦的，但要是我们不变革，我们未来会连痛苦的机会都没有！十年前的我们，因为坚持使命、价值观和阿里独特的组织人才，才有了我们今天的独特阿里。

变革不是一时的，而是时时的。我们总在追求一种稳定，但在信息时代，变化才是最好的稳定。改变自己要比改变别人容易得多，也重要得多！

今天我们宣布的组织变革只是我们这几年来变革完善的一部分，也是未来我们完善变革的开始……我们希望未来的变革不是从上而下，不再仅仅是集团的通知决定，而是从你开始。因为你的点滴变化，是我们大家变革的开始和终点。

本次组织变革的一个方向是把公司拆成更多小事业部运营，我们希望给更多年轻阿里领导者创新发展的机会。我们不仅仅需要看见相关业务的发展和他们团队、个人的成长，更希望看到他们通过各自的小事业部的努力，可以把我们的商业生态系统变得更加透明、开放、协同、分享，更加美好。

我们希望各事业部不局限于自己本身的利益和KPI，而以整个生态系统中“各种群”的健康发展为重，能够对产业或其所在行业产生变革影响；希望真正使我们的生态系统更加市场化、平台化、数据化和物种多样化（“四化”建设），最终实现“同一个生态，千万家公司”的良好社会商业生态系统。

本次组织变革也是为了面对未来无线互联网的机会和挑战，同时能够让我们的组织更加灵活地进行协同和创新。

各位阿里人，把大公司拆成小公司运营，我们给市场、给我们的竞争者更多挑战我们的机会，同样是给我们自己机会。这次的拆分和以往既一样又不一样，我们希望组织结构松而不散，汇报给谁以及权力有多大显得很不重要，但人和事、热爱和责任、信任和协同显得越来越重要。我们希望阿里人一起努力把每一个事业部变成小而美、对生态发展有重大作用和价值的群体。

阿里巴巴围绕电子商务生态圈进行布局

马云强调企业的领导者务必目光长远，早做部署：“我们做企业，常常想明天要干吗，明年要干吗，很少考虑十年后要干吗……今天的阿里巴巴是十年前做的，十年后的阿里巴巴是今天做的。做企业一定要去想十年后的市场会变成什么样，从现在开始坚定不移地努力。假如你现在还忙着今天、明天的事，那企业会越来越难做。”

战略部署肯定不是漫无目的的遐想，马云2010年曾对投资者阐述他拓展阿里巴巴新版图的基本思路——以完善生态系统为导向，增强抗风险能力。

“我自认为阿里巴巴做云计算，不是因为概念，而是不做是要死人的。我们做是因为我们必须要它，我们不做这个，五年以后阿里巴巴会出问题。”“为什么淘宝会赢，大家可能讲什么免费政策，这些都是术，真正的道是我们不做淘宝，阿里巴巴就不会有今天。”“做支付宝也不是我们想进入金融，不是想赚更多的钱，而是说不做支付宝，淘宝就活不下去了。我们每次做这个叫‘没办法’，你一定得做。”“我们不是因为要进入金融才进入，而是我们在发展电子商务的交易过程当中，一定要用到金融。原先的金融体系没办法支持我们，现有的金融体系很难支持创新行业的发展，所以，我们就自己创新一套金融。”“CEO第一难就是难在这里……你要判断三年以后的灾难是什么。在所有人都兴高采烈的时候，你要判断未来的灾难。”

近期阿里巴巴的海外购物和物流业布局也体现了马云着眼于未来的工作思路。

对于欧美发达国家制造的商品，中国消费者是比较青睐的。阿里巴巴为此在2013年10月投资了美国电子商务配送集团ShopRunner。此前ShopRunner宣布与美国运通合作，向许多美国持卡人提供免费会员服务，这给该公司带来了数千万潜在用户。ShopRunner最终将有助于阿里巴巴对美国消费者的销售，而目前阿里巴巴收购该公司主要是通过其美国物流网络，让中国消费者能够从美国商家的网站上在线购买商品。

中国海外代购市场2013年的交易规模超过700亿元。2012年国内消费者支付宝海外代购消费规模同比增长117%，远高于国内网购64.7%的增长速度。因此阿里巴巴在海外购物领域的布局不仅仅是收购几家国外公司，而是持续进行。

2014年2月，央行宣布，在中国（上海）自由贸易试验区启动支付机构跨境人民币支付业务，支付机构跨境人民币支付试点启动，银联支付、快钱、通联等五家机构获批。这意味着，以后通过第三方支付机构，消费者就能直接用人民币“海淘”，国内企业也能直接用人民币开展跨境业务。

上海自贸区启动人民币跨境支付“红利”，被阿里巴巴集团旗下的天猫迅速捕捉——天猫国际平台于2月19日正式上线。短短几天就有超过140家商铺入驻，5000多个海外大牌，其中囊括消费者最常使用的海外3C、服装、食品等领域的商家。天猫国际购物合作的商家均为海外的实体公司且具有零售资质，天猫国际承诺“百分之百海外商家”“百分之百海外正品”和“百分之百海外直邮”。面对目前海外购物鱼龙混杂、假货横行的现象，天猫国际打出如此招牌，其成为海淘销售市场权威的野心已非常明确。对于消费者而言，唯一正品保障渠道是有强大吸引力的。

2013年5月28日，阿里巴巴集团、银泰集团联合复星集团、富春集团、顺丰集团、三通一达（申通、圆通、中通、韵达）、宅急送、汇通，以及相关金融机构共同宣布，“中国智能物流骨干网”项目正式启动，合作各方共同组建的“菜鸟网络科技有限公司”正式成立。马云任董事长，沈国军任首席执行官。

菜鸟网络计划首期投资人民币1000亿元，希望在5～8年的时间里，努力打造遍布全国的开放式、社会化物流基础设施，建立一张能支撑日均300亿元（年度约10万亿元）网络零售额的智能骨干网络。

云运作物流跟之前的生态系统商业逻辑也是一脉相承的。

马云认为，在电子商务领域里有三个最重要的基础设施，一是数据流，就是电子商务，淘宝、阿里巴巴的网络数据；二是资金流，就是阿里巴巴小微金融服务、支付宝这条线；第三就是物流体系。

就这三方面来说，当年做电了商务阿里巴巴开了一个先河；电子商务上的支付体系，阿里巴巴也通过自己的努力，在各个银行之间打通运用起来。

第三个基础设施物流是在中国做电子商务的大瓶颈。物流方面国家已经投了几十万亿元的钱，公路铁路等交通设施都建设得不错，但是效率总体来说还是很差。那如何能有一个很好的机制，来帮助国家的这个基础设施更有效率地发挥作用，同时也能够支持电子商务的发展，这是马云组建“菜鸟网络”的着眼点。他是想完善物流、数据流、资金流三方合为一体的电子商务的生态体系。

马云持续进行的生态系统布局已经呈现出越来越旺盛的生命力。

央行最新数据显示，截至2013年年末，我国居民储蓄余额突破46万亿元，位于历史最高位。其中，活期存款超过17.8万亿元，定期存款超过28.3万亿元。

金融是经济的血液，金融业是马云的电子商务帝国的核心布局之一。几年前，马云放出豪言：“如果银行不改变，我们就改变银行。”这句话并没有被很多金融机构放在眼里，它们以为这只是一句玩笑——它们没有读懂马云的野心。

2013年6月，支付宝为个人用户打造了一款余额增值服务——余额宝。用户在支付宝网站内就可以直接购买基金等理财产品，同时余额宝内的资金还能随时用于网上购物、支付宝转账等支付功能。2014年春节过后，余额宝的规模就已上4000亿元。

2014年2月14日，支付宝的元宵节保险理财产品开售。第一轮活动中，总金额5.8亿元的产品在开售3分钟即售罄。随后，支付宝紧急追加了3亿元产品在下午1点开售，第二轮产品也在开售的2分31秒被抢购一空。共有4.3万投资者购买了“元宵理财”。真正的余额宝二期“定期宝”在2014年3月上线。

互联网货币基金要保证用户体验做到T+0日实时申赎，而不是传统货币基金T+2日赎回款到账，这通常需要运营方准备基金规模5%比例的资金周转，余额宝的这笔资金由财大气粗的支付宝垫付。而最先上线的华夏基金用自有资金垫付，为这一难题已经捉襟见肘。在与众多同类产品的竞争中，充足的财力是余额宝的一大核心竞争优势，这体现了作为生态系统成员的生存优势。

互联网理财虽是初生之虎，但实力惊人。仅2014年1月份，四大银行存款就流失了7000亿元。原本稳坐办公室、坐等储户上门的国有银行客户经理们为了完成指标，不得不放低身段，到大街上和互联网企业一起吆喝叫卖，招徕客户。

马云抢银行饭碗，除了理财，还有贷款。

马云曾说过一串让业界印象深刻的数字，“中国有4200万家中小企业，其中92.08%的企业需要贷款，也就是说，中国有超过3800万家企业需要贷款。这当中，又有69.73%的企业因为不能提供抵押物而从来没有机会获贷”。

2010年6月，浙江阿里巴巴小额贷款股份有限公司正式成立，贷款金额上限为50万元；2011年6月，继浙江之后，阿里系在重庆设立了第二家阿里小贷。截至2012年6月末，浙江和重庆的阿里小贷以16亿元的注册资金，累计为超过12.9万家小微企业提供融资服务，贷款总额超过260亿元。在2012年7月20日，阿里金融单日利息收入峰值达到100万元。

阿里小贷的不良贷款率控制在1%以下，这是借助其生态系统优势的成果。阿里巴巴在信用体系领域的探索早在2002年就开始了，并在2007—2010年与建行、工行合作期间，就逐步建立了信用评价体系和信用数据库，及应对贷款风险的控制机制，借助平台对客户进行风控，并公布不良信用记录。阿里小贷正是基于这个基础开展其“订单贷款”和“信用贷款”。这个数据库还将为即将落地的“阿里担保”项目服务，帮助其在迅速扩大中小商户融资规模的同时保证自身运营安全。

阿里金融的快速发展得益于它是阿里巴巴集团这个大生态系统的成员，马云说："阿里金融今天可以跟银行谈判，原因是有阿里巴巴做强大的后盾，否则你连银行门都进不去，谁理你！"

支付是电子商务的兵家必争之地，它是整个移动生态圈最重要的部分，管理着互联网的管道部分，会有大量资金流通，是整个生态圈的枢纽。阿里巴巴的支付宝已成为全球最大的移动支付公司。

2013年通过支付宝手机支付完成了超过27.8亿笔、超过9000亿元（约1500亿美元）的支付。2013年，美国移动支付公司Square总支付额约为200亿美元，Paypal（全球最大的网上支付公司）全年交易量仅超过200亿美元，两家公司加起来都不到支付宝的三分之一。

自2013年11月以来，支付宝手机支付每天达到1200万笔，这一数字进入2014年之后提升至1800万笔，在全球手机支付厂商中排名第一位。从2013年第二季度开始，支付宝手机支付活跃用户数也超过了Paypal，位居全球第一。

经过多年的积累，支付宝的支付场景已经涵盖很多领域：阿里巴巴、淘宝、转账、信用卡还款、代缴水电煤气费、打车、自动售货机、便利店、电影院线、购买火车票……

目前拥有2.4亿用户的支付宝的规模仍将继续扩大，因为应用场景更多的支付企业能够吸引更多的用户，而更多的用户又能吸引更多的商户参与合作支付，这是一个良性循环。

支付工具的成熟需要经过长时间的运营积累，支付宝的跟随者大多面临积累不足的困境。百度曾依靠8%的高收益吸引了部分余额宝内的资金购买“百发”，该产品到期后，不少资金又重新回流，原因在于多数用于短期理财的资金实际是用于消费的，而百度理财缺乏消费场景，当收益率回落时，吸引力自然会下降。

百度“百发”等产品的劣势在于它是单枪匹马跟阿里巴巴这个生态系统竞争。

为了使阿里巴巴这个生态系统充分发挥出协同作战的效用，阿里巴巴的管理人员要想获得更好的提升，就得有轮岗经历。阿里系副总裁和资深总监层级有个“大轮岗制”，这些人轮岗回来，才能在原来的岗位上起到更好的作用。

2012年3月9日，阿里巴巴宣布将对全集团22名组织部中高层管理干部进行轮岗（涉及阿里巴巴集团旗下全部子公司），这主要是加强集团各业务协同、组织打通和人才流动。阿里巴巴集团表示，希望通过此举培育阿里巴巴作为生态平台公司的开放、透明和稳定性，建立起业务生态系统、运营管理系统和组织文化系统，也是基于one company（一个公司）的目标和修身养性的未来发展方向。

在阿里巴巴的轮岗声明中，最重要的是one company的目标。来自于不同部门的人才相互流动，带来了积极信息，增进了相互了解，使得公司上下游部门之间更加了解、更能换位思考。顺畅的沟通会带来阿里巴巴集团管理效能的整体提升。

通过轮岗，能使阿里巴巴的二十多个事业部实现业务协同和组织打通，运作得像一个生态系统，从而更有生命力和竞争力。

建设生态系统不能单打独斗，还要搞“统一战线”

1964年出生的马云亲身经历过毛泽东时代。在马云看来，毛泽东在军事和思想上有很多东西是值得企业家学习借鉴的。“他决策的方法和思考的方法，我是花了很多时间去思考的。我觉得我们这代人，都曾向60年代的人学习过。”

统一战线是毛泽东思想科学体系中极其重要的组成部分，是中国革命胜利的三大法宝之一。

统一战线在企业经营中也大有用武之地。

华为总裁任正非2013年在企业内部讲话中就强调了要搞“统一战线”：“合作要找强者合作，比如有时候我汽车没油了，我就蹭他的车坐一坐，总比我走路好，总比我骑毛驴好。所以如果我们敢于、要善于搭上世界各种车，我们这个利益就多元化了。利益多元化，谁能消灭你。就像微软，多少人在微软Windows上开发了二次应用、三次应用，如果微软没有了，他所有的应用都要重新搞一遍，他怎么会希望微软垮掉呢？苹果短期也不会垮掉，因为苹果有很多伙伴，你看现在教学系统都是用苹果软件，上苹果APP Store，教材全下来了。我们也要向这些公司学习，也要走这条路。”“合作伙伴是越多越好，但如果我们去集成，我们就树立了一大堆敌人，就要去颠覆这个世界。谁要颠覆这个世界，谁最后就要灭亡。所以我认为还是要利用盟军的力量，我只要搭着你的船，能挣点钱就够了，我为什么要独霸这个世界呢？”

马云有很强的“统一战线”意识。马云告诫他的同事：“强势的时候帮一些，这是建立环境和关系最重要的。”另外还要有强烈的感恩意识：“今天的阿里巴巴有很多朋友，我现在40%的时间在帮朋友，我要还他们当年帮阿里巴巴的情。你看我以前坐办公室，现在出去了，天天出去，搞得我累死。就是还人家人情，我们能给别人钱吗？不能。我们能给的是时间和对他们的支持，以便未来这个环境建得更好。”

马云搞“统一战线”的典型案例是牵头做物流体系。这是阿里巴巴集团在与外部企业共建生态系统。

在2011年1月举办的物流合作伙伴发展大会上，马云明确表示：“阿里巴巴几年前已经决定放弃商业帝国的思想，什么叫商业帝国？

你要么加入我，或者我废了你。我觉得21世纪人们不应该有这样的心态。什么是21世纪的心态？就是生态，一个生态的环境，大家都是商业生态中的一部分，我们要建立整个商业生态体系。”“你要物流我们帮你建物流体系，但不是我们做，是我们整合社会资源一起去做，这是第一。今天跟大家交流想法，我们一定要支持、扶持物流行业。第二，我们是开放做。第三，我们还希望看见更多PE（私募股权投资）、VC（风险投资）进来。”

马云做物流，不是要抢物流快递行业的饭碗，而是联合物流快递公司及投资公司一起把这个行业做强做大，这就是“统一战线”的做法。

菜鸟网络要组建的“中国智能骨干网”体系，将通过自建、共建、合作、改造等多种模式，在全中国范围内形成一套开放的社会化仓储设施网络。

中国智能骨干网将应用物联网、云计算、网络金融等新技术，为各类B2B、B2C和C2C企业提供开放的服务平台，并联合网上信用体系、网上支付体系共同打造中国未来商业的三大基础设施。

物流的智能化和仓储服务是马云找到的阿里巴巴能做出贡献的地方：“四五年来我们一直在思考一个问题，我们到底能为中国物流做什么？其实国家在整个物流建设上投入了几十万亿，但是效益并不是很高……日本的物流发展非常好，美国物流发展也非常好，但是它们基于IT……我们希望通过1000亿、2000亿的投资能够撬动几十万亿中国已经有的基础设施，能够让国家基础设施发挥出效应。”

中国智能骨干网将在不断完善物流信息系统的同时，依托国家现有公路、铁路、机场等基础交通设施的布局和规划，建设遍布全国的现代化物流仓储网络，提升社会物流效率和基础设施利用率，并向所有的制造商、网商、快递物流公司、第三方服务公司开放，与产业链中的各个参与环节共同发展。

在天津、广州、杭州、武汉、郑州等重要节点城市，中国智能骨干网将发挥产业集群效应，加速地区传统产业和电子商务的不断融合，促进第三产业服务商，配送、包装、软件等服务企业以及电子商务企业的发展。通过提升就业率、提高新产值收入贡献，实现区域电子商务的繁荣，真正打造出若干具有示范效应的产业生态圈。

菜鸟网络表示，公司在初步发展期间将不计短期回报，持续投入，完成中国智能骨干网的搭建，支持1000万家新型企业发展，创造1000万个就业岗位，为中国社会经济发展转型和未来商业基础设施建设发挥更大的作用。

菜鸟网络的“统一战线”思路很快见到了成效。

2014年2月14日，50万朵从荷兰进口的郁金香在同一天抵达全国26个城市3万多对情人手中。据《21世纪经济报道》记者了解，一条完整的跨国鲜花冷链包括采摘、温控、干线运输、报关、保鲜存储、分包、落地配送等环节，而每一个环节都有非常严格的特殊要求，目前国内还无法找到一家公司来实现一体化服务。为了将这些鲜花送达26个城市，菜鸟网络联合了17家物流公司，通过“干线（冷链或航空）+落地配”两段式服务模式，合力完成此次B2C鲜花配送的个性化物流解决方案。

鲜花销售并不是菜鸟网络的最终目标，国内生鲜配送缺乏一个标准化的流程和服务，菜鸟网络借此探索和完善生鲜配送服务标准化，将国内冷链物流供应商的服务进行整合。

在电子商务生态系统中，信息流、资金流两大环节由于之前没人做过，阿里巴巴基本是靠一己之力打通的，而复杂的物流已经有一批企业在做，马云就以“统一战线”的方式来打通这个环节，效果明显。

阿里巴巴联合各方力量建立整个商业生态体系有什么好处？马云表示：“说到我们这个生态系统的爆发点，我觉得不如这样理解：重要的不是我们能从这个生态系统里赚多少钱，而是在这个生态系统里面的企业能挣多少钱，因为它们挣得越多，我们才越有机会挣钱。”

像打造生态系统那样组建和发展团队

如果以生态系统的眼光看待一个团队，那么，团队里是可以有不少普通人的，外行是可以领导内行的，无益的“物种”（项目）是要被淘汰的，管理者培养接班人是必需的。

马云的理念是，团队是一个生态系统，生态系统就要求物种多元化，大家都一样是不行的。中国人认为最好的团队是“刘、关、张”的团队，还有赵子龙、诸葛亮，马云认为这样的精英团队真是“千年等一回”，可遇不可求。

马云的理念是，世界上最好的团队是唐僧团队。唐僧是领导，也是最无为的一个，唐僧迂腐得只知道“获取真经”才是最后的目的，孙悟空脾气暴躁却有通天的本领，猪八戒好吃懒做但情趣多多，沙和尚中庸但是任劳任怨挑着担子，这样的团队无疑比“一个唐僧三个孙悟空”的团队更能够精诚合作、同舟共济。这就是团队的精神，有了猪八戒才有了乐趣，有了沙和尚才有人担担子，少了谁也不可以。他们互补、相互支撑，有时也会吵架，但价值观不变——我们要把公司做大、做好。

马云进一步提出，阿里巴巴不希望用精英团队。如果全是精英在一起肯定做不好事情，我们都是平凡的人，平凡的人在一起做一些不平凡的事，这就是团队精神。

在《赢在中国》节目中，马云指出了精英团队对于创业公司的危害："创业时期千万不要找明星团队，千万不要找已经成功过的人跟你一起创业，在创业时期要寻找这样的梦之队：没有成功、渴望成功，平凡、团结，有共同理想的人。等发展到一定程度以后，再请进一些优秀的人才，对投资、对整个未来市场开拓才有好的效果。尤其那些35～40岁，已经成功过的人，他已经有钱了，他成功过，与他们一起创业非常艰难。"

希望团队里都是精英，这是用人方面的完美主义倾向，管理学大师彼得·德鲁克也极其反对这种做法。德鲁克以林肯总统的用人成败史为案例阐明了其中的道理。

当有人告诉林肯总统，他新任命的总司令格兰特将军有贪杯的毛病时，林肯回答道："要是我能知道格兰特将军喝的是什么品牌的酒的话，我就会向其他将军也各送上一桶。"林肯不可能不知道喝酒的危害。但他知道，在所有的联邦政府将军中，只有格兰特被证明是有能力运筹帷幄、决胜千里之外的。事实证明，任命格兰特将军为联邦军总司令是联邦政府赢得南北战争的关键。这是一次非常成功的任命，林肯的用人政策是求其能发挥专长，而不是考虑他必须是个

“完人”。

林肯也是经过一番周折之后才学会这种用人之道的。在任命格兰特之前，他已连续任命过三四位将军，他们最突出的共同点就是没有什么重大的缺点。结果，从1861年到1864年整整三年的时间里，北方虽然拥有人力和物力方面的巨大优势，在战场上却没有取得任何进展。

相比之下，统率南方联军的李将军却会用人之长。李手下的每位将军都有明显的大大小小的缺点，但同时他们各自在某个方面都有所专长，而李只是充分地、有效地使用了他们的这些优势。结果，林肯所任命的那些“完美无缺”的将军一次又一次地败在了李将军手下那些只有“一技之长”的人手里。

为什么想找到只有长处没有缺点、具有种种才能的人的想法是不切实际的？德鲁克做出了解释：“人的能力越强，缺点就越多，这就好比是山峰越高，峡谷就越深。人不可能在各方面都很突出。与整个人类的知识、经验和能力相比较，即使是最伟大的天才也不能说已经取得了成功。世界上根本就没有‘全能’的人，要‘能’也只是表现在某个方面。”

马云本人也不是全才，他也是个靠一技之长创业成功的人。

张朝阳、丁磊、马化腾这些人，都是互联网技术人员出身，创业很成功。当初做互联网的，活下来的只有一小撮，马云是活下来的十个里唯一不懂互联网的。马云认为："外行是可以领导内行的，关键是要尊重内行，这个是我总结出来的很重要的一点。""你可以把最优秀的人先请来。比方说你不懂技术，你可以把最优秀的技术人员请来；你不懂财务，可以把最好的财务官请来；你不懂管理，可以把最好的管理者请来。因为我不懂，我永远跟他吵不起架来，他搞技术，当然我尊重他……只要你有一种胸怀、眼光，你就可以做到这样，所以我说我们永远吵不了架，技术人员不会跟我吵架。"

马云不懂技术，凭什么当老大呢？他在团队里自有其用处："我不是学技术的，我对IT真的不懂，我也不懂产品，但是后来我发现自己有一个地方是可以做的，就是在管理、在领导力、在怎么样把梦想变成现实上，我估计我比绝大部分IT人花的时间更多。"

德鲁克认为，在一切"完美的人""成熟的人"说法的背后，都隐藏着对人的最特殊的天性的一种蔑视，人本能地会将其一切资源都用于某项活动或某个领域，以期取得某个方面的成功。而关于"完人"的说法，实际上也就是蔑视了卓越和优秀。因为，卓越和优秀只能表现在某一个方面，或者充其量也只能表现在个别的几个方面。

除了实现物种（人才）多元化，对于一个生态系统来说，能否完成新旧更替是关系生死存亡的大事。

马云认为："阿里巴巴面对的最大挑战不是国内国际某些行业的

业务竞争者，而是与全球范围内那些优秀的70后、80后和90后的年轻人之间的竞争……我们更强烈地感受到，集团在几年内必须靠那些综合业务能力和专业技能都很强的70后、80后的年轻领导带领我们去面对未来的挑战。年轻领导干部的成长决定了我们公司的未来。”

马云要重用年轻人是由互联网行业的本质决定的，他认为：“我觉得我现在处于自己的黄金期了，那这个人基本上就出问题了。人都是在自己有点担心又不怕，稀里糊涂的时候成功的。愣头青特别容易成功，一下撞出去，想也没想清楚，打了出去。想得很清楚的人基本上不太会成功的。我觉得我这个年龄，人家觉得你是黄金时期，我知道必须让愣头青去打，必须让年轻人去冲。”马云主要对利益导向、价值观把关，具体业务他让70后、80后拍板。

那么，怎样培养年轻领导干部？阿里巴巴除了前面提到的干部轮岗制度，还有各级管理者都必须培养接班人的硬性规定。

马云认为优秀的管理者也是一个教育家：“什么是老板？老板的‘老’就是老师，‘板’就是规矩。没有这两样东西是走不远的。”“风清扬也是一个好老师，教育培养了令狐冲，而我自己也是老师出身，我最希望的是我的同事、我的学生能够超越我。”“我想过什么叫爱兵如子，就是严格地训练他们，他们（就）不会死在战场上。”

根据马云的理念，阿里巴巴集团每一级的主管都必须在例行工作里完成一项“选择好接班人”的工作，并培养他，从管理、文化、业务等各个方面手把手地带。没有培养出自己接班人的人是没有办法晋升的。阿里巴巴每年都会有一次人才盘点。

马云48岁就可以宣布不再担任阿里巴巴CEO一职，就是因为接班人制度培养出了一大批人才。他对未来的管理团队充满信心：“阿里的业绩让我骄傲，但更让我惊喜的是阿里人的成长。阿里独特的文化造就了大批拥有独特魅力的阿里人。作为创始人CEO，卸任CEO是个不容易做的决定，因为这容易造成误解。特别是我这个年龄，还是常规意义上年富力强的时候。我绝无偷懒之想法，尽管当阿里巴巴CEO绝非易事。我是看到阿里年轻人的梦想比我更美、更灿烂，他们更有能力去创造明天。”

马云退出管理执行角色也是因为互联网需要年轻有活力的生态系统：“互联网是年轻人的天下，阿里绝大多数生于60年代的领导者将会退出管理执行角色，我们将把领导责任交给70年代、80年代出生的同事。因为，我们相信他们比我们更懂得未来，更有能力创造明天。能给他们提供更多、更大的舞台是我们的责任，更是我们的荣幸，也是我们这些人可以给公司未来做出的最大的贡献。”

团队要年轻化，还要精简化。

马云在2012年做了大胆尝试，将预算中要增加的六七千人减少到200人。他的理由是这个生态系统的资源处于大量浪费的状态，必须做清理工作。“我们现在有多少无用的工程？一些新idea（想法），当年都exciting（兴奋），干干觉得没意思了。好，搁在那儿，把人也搁在那个地方，资源也搁在那……这些资源消耗了整个公司的大量体能。”马云要求这些项目要么在集团内部消化，卖给或送给需要的部门，如果没人要就把项目停掉。结果在只增加了200个人的情况下，公司的业绩照样翻了一番，淘宝的销售额照样超过了一万亿，所有指标都完成得很好。

淘汰有害的物种，生态系统才能更有活力，这是马云这次实验得出的宝贵经验。

PART 5

从佛法看马云的商道

除了太极哲学，佛教哲学对马云的经营管理也产生了积极的影响。马云说：“我在寻找文化的东西。我对道家很感兴趣，对佛教也很感兴趣。”“我从太极拳里悟出了儒释道文化。”2011年4月，马云和李连杰成立了太极禅文化公司。李连杰和马云的相识、相知，是基于两人对佛学的兴趣。

除了太极哲学，佛教哲学对马云的经营管理也产生了积极的影响。马云说：“我在寻找文化的东西。我对道家很有兴趣，对佛教也很有兴趣。”“我从太极拳里悟出了儒释道文化。”2011年4月，马云和李连杰成立了太极禅文化公司。李连杰和马云的相识、相知，是基于两人对佛学的兴趣。

马云的助理陈伟说每当马云“心不开”的时候第一时间想到的地方是永福禅寺，马云跟人谈事情也最喜欢去永福禅寺。方丈月真法师是马云的老朋友。马云经常开玩笑地对月真法师说：“其实我才是你，你才是我。我在外面帮你做商业，你在庙里替我修行。”

一说起佛学对企业经营有益，估计很多人会感觉很玄乎。我在2012年10月写了一篇文章《金刚经是最强悍的生意经》，讲述了如何用佛学做生意，现在将马云的案例融入进去，相信有助于大家理解最高深的哲学如何用于实战。

《金刚经》也能用来做生意？是的，《当和尚遇到钻石》这本书就讲述了佛学博士麦克尔·罗奇格西运用《金刚经》智慧成功经营纽约安鼎国际钻石公司的故事。

台湾佛光山寺住持心定和尚评价说“这是一本值得所有企业家，特别是金融界人士阅读的好书”，作者“具有高人一等的智慧，将《金刚经》融会贯通，运用万法潜能，发挥在商场的经营上”。这足以证明《金刚经》也可以是一流的生意经。

如今，不管是欧洲、美国、日本，还是巴西、印度、中国，各国的企业家都在感叹生意越来越难做，竞争越来越残酷——产品雷同、渠道相似、促销手段大家都在用、价格战谁都会打。同质化犹如商业的癌症四处扩散，让人绝望——“拼性价比的市场，就不太有利润空间可言”。

用创新超越竞争因而成为21世纪商业的基本命题。《金刚经》这部2500年前的作品因此有了新的用武之地——它摧毁（或者说切断）了所有的见地。既然一切的概念、观点、感觉都被打破了，那么整个世界的商业创新之门也就打开了。

总的来说，《金刚经》为商业创新打开了“三重门”。

打开创新的第一重门：一切现象都没有本质

《金刚经》是最高级的经典——释迦牟尼悟道后说佛法49年，其中有22年在说《般若经》，而600卷《大般若经》的精华就在《金刚经》。《金刚经》自始至终只讲一个道理——空性。

空性是什么？用一句话来表达就是“一切现象都没有本质”。没有好坏，没有美丑，没有高低，没有大小，没有远近……

我们看见一条100斤重的鱼，肯定会惊叹见到了一条大鱼，但跟鲸鱼一比，这条鱼小到不够它吃一口。恐怖主义是弱小的，他们的武器远不如中国的好，数量远不如中国军人多，但他们却又强大到让世界霸主美国的安全感成为浮云。

我们经常会觉得公司的老板很坏，他对员工太凶，但老板娘可能觉得自己的老公霸气外漏，很有男人味。我们不喜欢从不请客的同事，觉得他太小气，但他的娇妻可能觉得自己找了个经济适用男，为他会过日子而沾沾自喜。

藏传佛教大师宗萨蒋扬钦哲仁波切举过一个关于空性的例子，让我们打破对事物的观念：我们面前放着一杯水，每个人看到都会说那是一杯水，但如果你放进去一条鱼，它可以在里面游泳、睡觉，它会觉得这是一个家。那么这究竟是水还是家呢？如果投票决定的话，我们一定会输，因为鱼的数量比人多。

正常人会觉得世界就是五颜六色的，但色盲和先天性失明的人心中的世界和我们是不一样的。而跟蜜蜂相比，我们看不见紫外线，跟乌贼相比，我们看不见红外线，我们正常人其实也是色盲。科学家们说，其实世界上并没有颜色这种东西，只有不同波长和频率的光波，颜色是光波作用于眼睛而产生的感觉。哲学家们进一步说，通过科学仪器看到的其实也不是世界的本来面目，所谓的光“波”正是我们的眼睛看起来像“波”，如果我们像蜻蜓那样脑袋上长着2.8万只眼睛，说不定对它的看法和命名就会不一样。

这个世界在鱼、人类、蜻蜓、乌贼看来各不相同，也就是说这个世界没有一个本质，它只有成为任何样子的可能性。

马云对“非科学”的东西很有兴趣，“对未知的探索、欣赏和好奇是我的爱好，即便是魔幻术，挑战背后的奥秘也快乐无穷。人类很容易以自己有限的科学知识去自以为是地判断世界”。这个世界观颇有“空性”风采。

宗萨蒋扬钦哲仁波切对空性做了一段说明：“虽然事物并不是天生具有某些性质，但也不是天生就不具有那些特质，这使得事物具有成为任何东西的可能性。”

空性意味着我们要习惯于不给事物下定义，从而解放它的可能性。这是商业创新的一大来源。例如把《金刚经》定义为佛经恰恰是不符合佛法的，这限制了它作为生意经的潜力。

广州的报刊亭很有意思，亭子里都会放一些广告：瑜伽培训、中高考培训、半价电影票、算命看风水，这些生意的目标客户群与报刊亭的顾客群高度一致——不把报刊亭定义为报刊亭，就可以解放它作为广告亭的潜力。

中国的邮局可以做的一个大生意是和当地的土特产公司合作，很多客居他乡或是来旅游的外地人喜欢买点土特产寄回家，邮局也可以承诺在邮局购买土特产可以免费寄回家，相信一定会有很多人埋单。不把邮局看成邮局，它就可以成为土特产界的国美、苏宁。

安徽出版集团总裁王亚非讲他的生意经“羊毛出在狗身上”：安徽出版集团有很大的外贸业务，在出口电视机到美国时，他们把介绍中国的英文书塞到电视机的包装箱中，每台电视加价两美元就把书也卖出去了，这样的话一本书卖个上百万本不是什么难事，比常规方法做畅销书轻松得多。

“羊毛出在狗身上”是释放万物商业潜能的高级商业思维。

在打破商业界限方面，马云创办淘宝网也是非常典型的案例：“其实我一开始并没有一个特别清晰的想法，只是隐约在头脑中有一点这样的想法，那就是所谓的电子商务B2B、B2C、C2C的划分都是人为的，实际上这三者之间并没有我们所想象中的那么巨大的差别。而当我们仔细研究美国eBay的平台的时候，也证明了我的想法。这一结果是让我又惊又喜的。喜的是自己的想法得到验证，你看美国eBay的平台和我们阿里巴巴的平台几乎是一模一样的；惊的是，如果平台是一样的，那么今天它只做C2C，明天它会不会突然想明白了，也开始做B2B呢？所以，进入C2C领域（做淘宝网），对于阿里巴巴来说，不是我想怎么样，而是我必须要去做，不得不去做，这是一种防范措施。我必须在它（美国eBay）还没有看到我、没有意识到我的存在的时候，就做出正确的防守。不然，三到五年以后，对于阿里巴巴来说，就绝对是一个灾难！”这里也有以进攻为防守的太极逆向思维。

我们除了习惯于给事物的类别下定义之外，还经常做出事物是美是丑、是好是坏的判断，这种判断也是可以放下的。

稳坐世界超模头把交椅多年的劳拉·斯通在被关注之初，曾饱受非议——她的门牙牙缝几乎可以塞下一枚硬币，眉毛的颜色淡到近乎消失。结果是她刮起了一股牙缝时尚的风潮，挑战了人们对牙齿的审美观。“牛眼超模”玛莎泰娜的眼睛则大到可以去拍恐怖片，但有人却说她是最美丽的外星生物。她们打破了美与丑的界限。

还有，丑换个角度来说就是与众不同。时尚先锋可可·香奈儿有句名言：“与众不同才能无可取代。”因此长得“丑”也可以成为好生意。

“芙蓉姐姐”是中国人耳熟能详的商业案例，她的出场费已达

15万。我们再来看看国外的案例。英国伦敦的一家丑模公司已经有超过40年的历史，是当前全球最大的另类模特经纪公司，签约模特超过1000名。公司业务广泛，客户众多。时装品牌卡尔文·克莱恩和《时尚》杂志都是公司的合作伙伴。“我们公司参与完成《哈利·波特》电影的拍摄。人们能想到的所有詹姆斯·邦德系列的电影，我们公司模特都有参与演出，”公司负责人弗伦奇说，“市场对于丑模需求巨大。”

不仅是容貌美丑，几乎面对每一件事，我们都习惯于判断这是好事还是坏事。而根据《金刚经》的空性原理，我们可以把好与坏的判断放下。

《当和尚遇到钻石》这本书里有一个经典案例。老板对副总裁说，十天之内购买一万克拉钻石，也就是100万颗小钻石，当副总裁千辛万苦终于搞定时，老板却咆哮道，他要求采购的是一千克拉钻石，这个倒霉的副总裁，也就是这本书的作者，身为佛学博士，自然知道空性意味着凡事没有绝对的好与坏，于是他平心静气地处理好了这件事：把这些钻石全部拼成“一克拉心型钻”，在商店引发了购买热潮。当你了解空性的意义，你就能够化任何危机为转机。

马云也具备这样的思维方式：“这世界成功的人是少数，而这些人一定是能够在别人看来是危险、是灾难、是陷阱的变化中冷静地找到机会！所谓危机，就是危险之中才有机会！”“人活在世上每时每刻都要用积极的、乐观的眼光看待万事万物；还要用善于发现、善于挖掘的眼光去看待市场的前景。”这与太极图里阴中有阳的道理是相通的。

哲学家斯宾诺莎有句名言：“规定即否定。”当你给事物下了定义、做了评价的时候，你一定要记住你否定了它的其他可能性——而这对你的钱包鼓起来是很不利的。

打开创新的第二重门：不把事物看成一个整体

空性哲学的一个重要基础是：一切现象都没有本质，因为一切事物都只是其他事物的组合。也就是佛法所说的“一花一世界”，一朵花背后是宇宙万物。

马云在美国斯坦福大学演讲时说：“我从没想过马云会有今天，我从未想过阿里巴巴会有今天，更没想到淘宝有今天，支付宝有今天，我更没想过中国互联网有今天。真心实话，今天把马云财产的99.9999%拿走，我觉得都拿走，剩下0.0001%，对我来说也是很多。因为我这个人是没有机会成功的。做阿里巴巴，我们有追求，但是我没想过会做到这么大，远远超过我的想象。所以我在想，为什么，我们为什么有今天？其实是因为我们处在很好的时代。”

马云看到了自己成功的背后是时代给予他的无数事物，所以他不断地感谢中国的经济繁荣、美国硅谷的互联网热潮、跟随他创业的朋友、阿里巴巴的投资者……没有这背后的万事万物，就没有今天的成功者马云。

马云还有一段话也有助于我们理解什么是真正的商道："我们是要让中小企业真正赚钱，我们让中小企业有更多的后继者。我们国家有十三四亿人口，20年以后可能很多人因各种各样的原因失业，我希望电子商务给更多的人带来就业机会，有就业机会社会就稳定，家庭就稳定，事业就发展。在我看来一个企业要承担社会责任，并把这个社会责任贯穿于工作中。我们要承担我们的责任，我们要推进这个社会的发展。"

马云的这个理念使得阿里巴巴集团与整个中国经济紧密捆绑在一起，这个时候，想让阿里巴巴失败首先要让中国经济整体失败，这个难度非常大。马云说："我认为我们的性质是国家所有、是社会所有，谁也不能说我拥有阿里巴巴、拥有淘宝。淘宝能拆走吗？阿里巴巴能倒掉吗？支付宝能关掉吗？不能，这是属于这个时代、属于这个社会、属于中国，也是属于全世界向往新商业模式的人的。所以我们可以把阿里巴巴看成是真正的国有企业。"

不把自己的企业与外部组织区隔开，而是服务于整体利益、融合于整体利益，才能成为基业长存的百年企业。领悟这样的商道确实需要哲学的帮助。

越南一行禅师的一段话很好地诠释了一即一切的真理：

> 如果你是个诗人，你会清楚地看到在这张纸上飘着一朵云。没有云，就没有雨；没有雨，树无法长成；没有树，我们无法造纸。如果看得更深入，可以看到太阳、砍树的工人、（生养）他的父母、做面包的麦子。事实上，我们没办法指出任何一件不在这里的东西——时间、空间、地球、雨水、土中的矿物质、阳光、云、河、温度、人的心。一切在这一张纸中同时并存。

台湾著名剧作家赖声川说："创新的精髓在于事物之间的联结。不同事物的不同连接方式可以创造出新颖的创意。"如果你习惯于从一张纸上看到一朵云，你就具备了通过事物之间的关系发现各种可能性的能力，你会是个优秀的诗人，也会是个极具创造力的生意人。

当你买一套房子时，你买的是什么？建筑的质量，室内的格局、装修，室外的阳台、绿地、游泳池，周边的公交、地铁、幼儿园、小学、超市、医院、CBD，以及这个城市的治安、人文环境……能看到房子背后的这些东西才是合格的房产销售员与开发商。房子不是房子，才能卖好房子。

“不把事物看成整体，而是看成要素的组合”意味着什么？给你一个东西让你做出创新你会觉得很困难，但把这个东西分解成很多要素你再创新就轻松多了。

我们习惯性地把书看成一个整体，一本书其实是内容（文字或图片）、包装（封面设计、书名、文案、版式、开本大小）、纸张的组合。杭州出版社曾经推出丝绸版《孙子兵法》，把文字印在丝绸上而非纸张上，这个版本很适合收藏或者作为礼品，这一创新让出版社赚取了很多利润。还可以通过内容来实现创新，比如凤凰联动图书公司曾推出结局不同的《水浒传》——《水浒传》在历史上曾有过好几个版本，这个创新也让出版方赚到了真金白银。

又比如椅子，椅子的材质可以变化。比如它可以是木头做的木椅，也可以是软皮做的沙发椅，或是藤椅。椅子背后的要素还包括做椅子的人，比如这是苗族人或藏族人做的椅子，销售的时候少数民族风情就可以作为卖点。来看一个类似的案例：著名奢侈品品牌LV强调其产品从原料、配件到制造都在原产地进行，以保证原汁原味，原产地意味着正宗和传统，而这正是消费者所需要的。

椅子背后的要素还包括买椅子的人，有的人重视健康，那就可以增加椅子的保健功能，如按摩椅；有的人重视面子，那么红木椅子可以卖给他们；有的人注重实惠，那么就可以用最便宜的塑料来做椅子。

我曾经坐过高铁的一等车厢，通过按钮，椅子的靠背可以从直立变成倾斜，座椅于是成为躺椅。椅背还可以调成与椅面持平，变成一张床，这样的设施既能满足旅客坐着的需求，也能满足躺着的需求，你甚至都无法给它命名。

“经营之神”稻盛和夫创立的京瓷公司是世界500强之一，一个卖陶瓷的公司是怎么成为世界500强的？原来京瓷生产的不是我们常见的日用或观赏性的陶瓷，而是用于工业的精密陶瓷，比如IBM公司、360系列计算机全部采用了京瓷的氧化铝陶瓷电路板。还有一家日本电镀公司近畿明和产业则混进了处于时代最尖端的生物产业——它的一流电镀技术能提高DNA检测芯片的性能。最老土的陶瓷和电镀行业及最高新的行业实现了完美融合。

马云拓展他的“电子商务帝国”时，充分发挥了各商业领域之间的联系：阿里巴巴的业务是B2B，淘宝的业务是C2C，天猫的业务是B2C，阿里软件让“天下没有难管的生意”，阿里妈妈让“天下没有难做的广告”，支付宝让“天下无贼”，菜鸟网络解决企业物流难题，阿里金融解决企业信贷难题……马云围绕“让天下没有难做的生意”这个使命，进军商业服务的各个细分领域，将服务中小企业的生意一网打尽。

马云曾分析阿里妈妈的成功原因：“阿里妈妈成长得那么快，没有淘宝的基础、阿里巴巴的基础、雅虎的基础、支付宝的基础，会长得这么快？很多人有这个idea（想法）但是做不出来，我们刚好配在一起。”依托其他要素的力量，才有阿里妈妈的成功，这就是要素组合后的力量。

只要我们坚持不断拆分和连接各种要素，所有的事物就能保持商业创新的可能性——这应成为21世纪的商界信仰。

打开创新的第三重门：不把事物看成恒定不变的

空性的第三层含义：一切现象都没有本质，因为一切事物都在不断地变化（佛法称之为无常）。中国在1820年是世界强国，中国在1920年是世界弱国，中国在2020年是世界强国，2120年的中国国力则无法预测——不息的变幻让中国无法拥有强与弱的本质。

无常应该成为我们的基本思维习惯，对变化的敏感性会让你发现很多的商业机会。

2012年10月11日，大作家莫言得了诺贝尔文学奖——就在前一天，一位出租车司机对我说中国不可能有人获诺贝尔奖，可见他不懂得这个世界是无常的，而一个无常会引发其他的无常。

可以预期的是出版社可以赶紧印一套《莫言精品集》以及《莫言全集》了，热卖是必然的。还有莫言是山东高密人，其代表作《红高粱》举世闻名，高密的高粱酒厂商可以赶紧找莫言代言了，广告语“它帮助莫言找到了灵感”——如果莫言同意的话。

还有，莫言的小说故事性很强，中国的电影或电视剧制片商可要赶紧把他的诸多小说影视版权买下来，莫言要是兼任编剧就更好了——莫言作品绝对是影视宣传的一大亮点。

诺贝尔文学奖给莫言的颁奖词是他把“民间传说、历史和现实”结合在一起。高密市政府可以开始考虑炒作民俗和历史旅游了——高密历史上出过春秋时期的著名宰相晏子，名言“橘生淮南则为橘，生于淮北则为枳”就出自他之口；还有人所周知的清朝刘罗锅刘墉。民俗方面，百度百科上介绍说高密“民情繁杂，民俗差异大，从而产生了丰富多彩的民俗活动”，高密的扑灰年画、泥塑、剪纸和茂腔被称为民艺“四宝”，已列入国家非物质文化遗产保护名录。莫言老家还可以恢复大片高粱地、高粱酒酿酒作坊，开展农家乐。“韭菜炉包肥肉丁，白面烙饼卷大葱。再加一碟豆瓣酱，想不快乐都不中。”这是一首莫言故乡忆旧所写的打油诗，这可以作为招待游客的食谱。

以上种种可以请莫言先生亲自撰文推荐。再加上高密是全国百强县之一，吃住方便，交通发达——高密发展旅游业的契机真的来了。高密本不是旅游城市，但无常让一切现象都没有本质，一个变量（莫言获奖）的变化可以为其他变量的改变带来契机，现在高密有机会成为旅游城市了。

我的大学老师讲过的一个商业案例我至今记忆犹新：1998年长江流域发生大洪水，有个商人急忙调集资金在全国范围内大肆收购各类木材。为什么这么干？因为他预感到了国家接下来会大力推进天然林保护工程，这样国内木材供应必然紧张，价格必然上涨。他的预言果然成真，大发其财。

从莫言获奖到旅游和电影，从大洪水到木材价格上涨，这中间似乎隔了十万八千里，但如果你习惯于“一花一世界”的思维方式，能从一张纸里看到一朵云，那么，你从洪水里看到木材价格，从诺贝尔奖证书里看到农家乐就很正常了。

在地球村时代，有太多的变化值得你关注。比如因为华尔街制造的金融危机，美国放出风声要释放更多货币了，这就意味着美元将有新一轮的贬值，美元贬值，意味着去美国读大学更便宜了，赴美留学中介的生意会更加火爆。

又如欧美闹金融危机，这就导致西方人购买力下降，进而导致中国出口下降，这显然会连累到整个中国经济。经济不景气将导致白领们涨工资和发高额奖金、过节费的希望变小了，此时在写字楼云集的地方推广物美价廉送货上门的营养快餐是好时机——人们对饮食费用更在意了，马云的淘宝网生意火爆也跟金融危机下大家想要购买物美价廉的商品是分不开的；经济不景气还导致奢侈品购买大量减少，奔驰宝马纷纷打折——经济好的时候别买车，攒着钱等经济危机时再买可以省十几万甚至几十万哦。

因此华尔街闹金融危机跟留学生意、盒饭生意、买车时机都是有关系的，一个变化可以带来很多的变化。

再比如最近几年印度和印度尼西亚经济发展不错，城市人口在增加、消费能力在上升，如果一个出口商留意世界各国经济变化，那么早点在印度尼西亚和印度开拓市场显然有利于销量和利润的增长。

中国老龄化加速、3D打印技术走向成熟、美国和加拿大发现大规模页岩气、中国在中南半岛大规模修建铁路公路、中国高铁网络在2013年基本成型、中国大规模制造低价智能手机、中国启动新一轮城镇化、中国加大节能环保领域投入……你能从这些变化里找到多少商机?

马云总结十年的创业经验时说，懂得去了解变化、适应变化的人很容易成功，而真正的高手还在于制造变化，在变化来临之前变化自己！任何抵触、抱怨和对抗变化的不理性行为全是不成熟的表现，很多时候还会付出很大的代价，因为你不动，别人在动！

马云认为支付宝、淘宝的成功印证了封闭保守导致落后："你看看银行体系因为我们支付宝降了多少费用？我告诉他们，this is just a beginning（这只不过是个开始）。淘宝今天让很多的中间渠道很不爽，你就告诉他，it's just a beginning，因为打败你们的不是我们的淘宝，打败你们的一定是封闭，是对昨天的依赖。"

年轻人要拥抱变化。马云认为，变化的时代是年轻人的时代，今天有不少年轻人在创立很多百度、Google、腾讯这样的公司，拿走了很多机会。假如不是一个变化的时代，这些机会轮不到年轻人，因为工业时代是论资排辈的。未来30年，世界和中国将会有更多的变化，这些变化对每一个人是机会。没有人能改变昨天，但是30年以后的今天我们可以决定，改变自己，从点滴做起。

不论是佛教哲学还是太极哲学，都将变化视为这个世界的基本真理，对变化敏感的人一定是有前途的！

附录一

最能体现马云太极思维的两篇文章

给阿里全体员工的一封信:《冬天里的使命》

2008年，马云从阿里巴巴的数据中已经发现全球经济危机的蔓延，因而写下了这封面向全体员工的信。他对未来危机的敏锐感知和把握危机中的机遇的观点，体现了其“阴阳一体”“顺势而为”的太极思维。

各位阿里人:

对阿里巴巴B2B的股价走势，我想大家的心情一定很复杂！今天想和大家聊聊我对目前形势和未来的一些看法，也许对大家会有一点帮助。

大家也许还记得，在二月的员工大会上我说过：冬天要来了，我们要准备过冬！当时很多人不以为然！**其实我们的股票在上市后被炒到发行价近三倍的时候，在一片喝彩声中，背后的乌云和雷声已越来越近。因为任何来得迅猛的激情和狂热，退下去的速度也会同样惊人！**我不希望看到大家对股价有缺乏理性的预期。去年在上市的仪式上，我就说过我们将会一如既往，不会因为上市而改变自己的使命感。面对今后的股市，我希望大家忘掉股价的波动，记住客户第一！记住我们对客户、对社会、对同事、对股东和家人的长期承诺。当这些承诺都兑现时，股票自然会体现你对公司创造的价值。

我们对全球经济的基本判断是经济将会出现较大的问题，未来几年经济有可能进入非常困难的时期。我的看法是，整个经济形势不容乐观，接下来的冬天会比大家想象得更长！更寒冷！更复杂！我们准备过冬吧！

面对冬天我们该做些什么呢？

第一，要有过冬的信心和准备！

冬天并不可怕！可怕的是我们没有准备！可怕的是我

们不知道它有多长，多寒冷！机会面前人人平等，而灾难面前更是人人平等！谁准备得越充分，谁就越有机会生存下去。强烈的生存欲望和对未来的信心，加上充分的思想和物质准备是过冬的重要保障。

阿里集团在经历了上一轮互联网严冬、SARS等一系列打击后，具备了一定的抗打击能力。去年对上市融资机会的把握，又让我们拥有了二十多亿美金的过冬现金储备。集团年初“深挖洞，广积粮，做好做强不做大”的策略已经开始在各子公司得到坚决的实施。我想对严冬的到来，阿里人应该拿出当年的豪情：If not now，When？！If not me，Who？！（此时此刻，非我莫属！）2001年我们对自己说过：Be the last man standing！（做坚持到最后的人！）即使是跪着，我们也要最后一个倒下！凭今天阿里的实力也许我们自己不会倒下，但是今天的我们肩负着比以往更大的责任，我们不仅仅要让自己不倒下，我们还有责任保护我们的客户——全世界相信并依赖阿里巴巴服务的数千万的中小企业不能倒下！在今天的经济形势下很多企业的生存将面临极大的挑战，帮助他们渡过难关是我们的使命——是“让天下没有难做的生意”在今天最完美的诠释！我们要牢牢记住：**如果我们的客户都倒下了，我们同**

样见不到下一个春天！

第二，要做冬天该做的事！

一个伟大的公司绝不仅仅是因为能抓住多少次机会，而是因为能扛过一次又一次的灭顶之灾！2002—2003年间，我们抓住了互联网的寒冬大搞阿里企业文化、组织结构和人才培养建设。今天，我们在感谢去年上市给我们带来机会的同时，也要学会感谢今天世界经济调整给我们带来的巨大机遇。阿里巴巴从18人创业到今天超过一万人，我们的文化、组织和人才建设也在快速增长下面临挑战，但也因此得到机遇，让我们这五年轰轰烈烈地经历了组建淘宝网、支付宝公司，收购中国YAHOO，创建阿里软件、阿里妈妈和投资口碑网一直到去年上市。我们希望有几年的休整时间，感谢这个时代又给了我们一次这样的机遇。

我们经过深思熟虑，决定基于我们一贯"客户第一，员工第二，股东第三"的原则，明确阿里未来十年的发展目标：

1. 阿里集团要成为全世界最大的电子商务服务提供商！

2. 打造全球最佳雇主公司！

要实现以上目标首先要抓住这次过冬的机遇！让我们再一次回到商业的基本点——“客户第一”的原则，**把握危险中的一切机遇**。一支强大军队的勇气往往不是表现在冲锋陷阵之中，而是表现在撤退中的冷静和沉着。**一个公司的伟大同样会体现当在经济不好时，仍然以乐观积极的心态拥抱变化并在困难中调整、学习和成长**。

中国市场的巨大潜力和对世界经济的积极影响力将会在未来世界经济体中发挥越来越大的实质性的推动作用。我们庆幸地看到世界各国的领导人比以往更懂得协同和交流，我们看到全世界在共同面对疾病、海啸、地震、大气变暖等自然灾害上的高度统一，于是我们有理由相信世界各国一定会在经济发展这个人类社会生存和发展的重要问题上表现出更为积极的努力和智慧。我也坚信这次危机将会使单一依靠美元经济的世界经济发生重大变化，世界经济将会更加开放，更加多元化！**而由电子商务推动的互联网经济将会在这次变革中发挥惊人的作用！“拉动消费，创造就业”必将是我们电子商务在这场变革中的巨大使命和机会**。我们坚信电子商务前景光明，并能够真正地帮助我们的中小企业客户改变不利的经济格局。十年以后因为今天的变革，我们将会看到一个不同的世界！

各位阿里人，让我们一起参与和见证这次变革吧！

马云

2008年7月22日

《制度、文化及KPI（节选）》

上一篇是讲企业的业务经营，这一篇是讲企业的内部管理。2008年马云看到阿里巴巴员工在内网讨论制度与文化，有感而发，写了这篇文章，文章有很强的思辨色彩，马云说“真觉得自己在谈哲学”，他对人治与法治、制度与人心、绩效考核与上级评价能得出很多颠覆性观点，是因为他能熟练运用太极阴阳思维。

目前国内不少观点认为，是“人治”而不是法治让中国发展不够顺畅。似乎制度好了，中国就好了。我个人觉得“人治”不是坏事。**正确的“人治”应该是“以人为本的治理”。它应该是比法治更高的境界，但它必须建立在**

法治的基础上。“人治”未必治理不好。唐代的李世民、清代的乾隆都是“人治”之君，他们让当时的中国国强民富。当然，他们当时的法治建设也是同时期最强的。所以我个人看法，**不是“人治”好还是“法治”好的问题，而是我们需要建立起所有法治和人治的基础——那就是心里真正认同的文化价值观体系。**

我跑了很多国家和地区，发现一个问题：在西方，任何法律出台后大部分人首先会想到的是去遵守它，即使不同意也会去遵守；而在中国，很多法律出台后，大部分人首先想到的是我们用啥方法可以绕开它，即所谓的“下有对策”。天下没有任何一个制度是完善的。制度是保障大部分人的，但很多时候，**为了大部分人未来的利益，我们必须得罪大部分人今天的利益。**好的制度一定是和执行人的处理有紧密关系的。制度是冷的、是死的，但人是活的。**制度是需要人去执行的，很多时候一个好的制度恰恰被彻底执行坏了。**制定制度不是最难的事。很多时候，不缺制度，不缺流程，缺的是真正的执行，缺的是制定制度时的心理认同感，缺的是制度设计的智慧和经验。

我不是怪管理层，我更不是怪员工。因为在“客户第一”上面我们没有员工和管理层的区别。我觉得我们所有的人（包括我自己）没有在思想意识上、在制度设计流程中、在智慧上、在具体判断上、在点点滴滴的运营中把"客户第一"变成条件反射。**我们可以制定无数的制度，开无数的会议，但我们如果不从心里彻底认可它，一切都是徒劳。**

我有很多从前的同事在国企工作，他们几乎有一个相同的抱怨：国企体制太差！晕！但同样体制下面我们为啥又看见了"中国移动""中国工商银行""中海油"……抱怨是这个世界上最容易的事。但很多人埋怨自己，而我发现**自己的朋友圈里，埋怨别人、埋怨制度的人全是失败者，而埋怨自己的人大部分却很成功。**

一个组织，最可怕的是管理层埋怨制度（他们不知道自己可以是制度的建设者和参与者），员工埋怨管理者（他们不知道自己有一天也会变成管理者）。一个优秀的组织，一定会是：**制度不完善靠我们员工！我们员工不完善，靠制度！**有时候我听见别人说某某公司有完善的制度、强大的文化，嘿嘿，我就想笑。阿里巴巴永远不可能有完善的制度，我们也永远不可能有完美无缺的员工，但我们会永远走在通往完善公司制度的路上！文化不该去追求强大，文化绝对不是寻求同类，文化是共同向往的目标。好的文化绝对不是排除异己，而是内心的认可，是人性向善、向上、向真实的靠拢。

……

说了这么多，真觉得自己在谈哲学。谈谈KPI吧。和大家一样，我讨厌KPI。它让我们失去了理想、失去了目标。让我们用各种不该用的方法疲于奔命。它也让我们失去了工作的乐趣，失去了创新和激情。我们讨厌它，但不能没有它。理性思考后，我觉得不是KPI有问题，而是我们设计、执行的人有问题。啥是KPI？我认为KPI是一些工作目标实现的衡量指标。**如果没有KPI，我们就没有考核工作成就的具体指标。但光有KPI，绝不意味着我们工作完成得很好。我觉得KPI就是人去医院看病，医生给你测体温、量血压和化验血指标，只能证明你基本没有病，但绝对无法证明你是健康的。**人是否健康，自己比较清楚。KPI是一定要的，那是基础。但KPI以外，有太多的东西需要关注。绝大部分的致命病变是KPI看不出来的。等看出来就已经快不行了。设计KPI需要对客户、对业务、对竞争、对未来等的判断能力。它需要勇气、智慧和成功失败的经验积累！做对了未必是对的，但做错了一定会是错的。谁也不容易做。

今天，各个公司的总裁有了两个指标：第一就是集团制定的KPI；第二就是我老马自己觉得“满意”还是“不满意”。哈哈，第二条可以说是“人治”吧。也就是说，即使大家KPI完成得很好，但我觉得不满意，那结果还是不行。如果KPI没有完成任务，但我觉得做得很好也可以得分。但KPI没有完成，我一般是不会说好的。

马云

2008年9月12日

附录二

马云呼吁以正能量迎接变化

淘宝十周年庆典上马云卸任阿里巴巴CEO的演讲

马云的卸任演讲有几个关键点：有变化才有机会、相信未来、相信年轻人。年轻人、创业者、管理者都能从这篇演讲中受益。

大家晚上好！谢谢各位，谢谢大家从全国各地，我知道也有从美国、英国和印度来的同事，感谢大家来到杭州，感谢大家参加淘宝的十周年庆典！

今天是一个非常特别的日子，当然对我来讲，我期待这一天很多年了。

最近一直在想，在这个会上，跟所有的同事、朋友、网商，所有的合作伙伴，我应该说些什么？很奇怪，就像姑娘盼着结婚，新娘子到了结婚这一天，除了会傻笑，真的不知道该干什么。

我们是非常幸运的人，我其实在想十年前的今天，是**SARS在中国最危险的时候，所有人都没有信心，大家不看好未来。阿里十几个年轻人一起，相信十年以后的中国会更好，十年以后，电子商务会在中国受更多人的关注，很多人会用。**

但我真没想到，十年以后，我们变成了今天这个样子。这十年无数的人为此付出了巨大的代价，为了一个理想，为了一个坚持，走了十年。

我一直在想，即使把今年阿里巴巴集团99%的东西拿掉，我们还是值得的，今生无悔，更何况我们今天有了那么多的朋友，那么多相信的人，那么多坚持的人。

其实自己在想是什么东西让我们有了今天，**是什么让马云有了今天，我是没有理由成功的，**阿里也没有理由成功，淘宝更没有理由成功，但我们今天居然走了这么多年，依旧对未来充满理想。

其实我在想是一种信任，在所有人不相信这个世界，所有人不相信未来，所有人不相信别人的时候，我们选择了相信，我们选择了信任，我们选择十年以后的中国会更好，我们选择相信我的同事会做得比我更好，我相信中国的年轻人会做得比我们更好。

20年以前也好，10年以前也好，我从没想过，我连自己都不一定相信自己，我特别感谢我的同事信任了我，当CEO很难，但是当CEO的员工更难。

我从没想过在中国，在这样一个大家都认为缺乏信任的时代，人们居然会付钱给一个你都没有听见过名字的人，买一个你可能从来没见过的东西，又经过上千上百公里，通过一个你不认识的人，送到了你手上。

今天的中国，拥有信任，拥有相信，每天2400万笔淘宝的交易，意味着在中国有2400万个信任在流转着。

在座所有的阿里人、淘宝、小微金服的人，我特别为大家骄傲，今生跟大家做同事，下辈子我们还是同事！因为是你们，让这个时代看到了希望，在座的你们就像中国所有的80后、90后那样，你们在建立一种新的信任，这种信任让世界更开放、更透明、更懂得分享、更勇于承担责任，我为你们感到骄傲。

今天的世界，是一个变化的世界，30年以前，我们谁都没想到今天会这样，谁都没想到中国会成为制造业大国，谁都没想到，电脑会深入人心，谁都没想到互联网在中国会发展得那么好。谁都没有想到，淘宝会起来。

这是一个变化的世界，我们谁都没想到，我们今天可以聚在这里，继续畅想未来。

我们大家都认为电脑够快，互联网还要快，我们很多人还没搞清楚什么是PC互联网的时候移动互联网来了；我们在没搞清楚移动互联网的时候，大数据时代又来了。

变化的时代，是年轻人的时代，今天还有不少年轻人觉得无数的像谷歌、百度、腾讯、阿里这样的公司拿掉了所有的机会，十年以前当我们看到无数的伟大的公司，我们也曾迷惘过，我们还有机会吗？但是十年坚持、执着，我们走到了今天。

假如不是一个变化的时代，在座所有的年轻人，轮不到你们，工业时代是论资排辈，永远需要有一个rich father（富爸爸），但是今天我们没有，我们拥有的就是坚持和理想。很多人讨厌变化，但是正因为我们把握住了所有的变化，我们才看到了未来。

未来30年，这个世界，这个中国，将会有更多的变

化，这些变化对每一个人都是机会，抓住这些机会。

中国发展到今天，谁都没有经验，世界发展到今天，谁都没有经验，我们没有办法改变昨天，但是30年以后的今天，是我们今天这帮人决定的，改变自己，从点滴做起。坚持十年，这是每一个人的梦想。

我感谢这个变化的时代，我感谢无数人的抱怨，因为在别人抱怨的时候，才是你的机会，只有变换的时代，才是每一个人看清自己有什么、要什么、该放弃什么的时候。

参与阿里巴巴建设的14年，我荣幸我是一个商人。今天人类已经进入了商业社会，但是很遗憾，这个世界商人没有得到他们应该得到的尊重。这个时代已经不是唯利是图的了，我想我们跟任何一个职业，任何一个艺术家、教育家、政治家一样，我们在尽自己最大的努力，去完善这个社会。

14年的从商经历，让我懂得了人生，让我懂得了什么是艰苦，什么是坚持，什么是责任，什么是别人成功了，才是自己的成功。

我们最期待的是员工的微笑。从今天晚上12点以后，我将不是CEO。（掌声。）从明天开始，商业就是我的票友，我为自己从商14年深感骄傲！

看到你们，看到中国的年轻人，我不希望有一天我们这些人再来一个致我们逝去的中年。**这世界谁也没把握能红上五年，谁也没有可能说你会不败，你会不老，你会不糊涂。实现你不败、不老、不糊涂的唯一办法是，相信年轻人！**

因为相信他们，就是相信未来。所以我将再不会回到阿里巴巴做CEO，要我回也不会回来，因为回来也没有用，你们会做得更好！

做公司，到这个规模，小小的自尊，我很骄傲。但是对社会的贡献，我们这个公司才刚刚开始。所有的阿里人，我们都很兴奋，很勤奋，很努力，但我们很平凡，认真生活，快乐工作。

我们今天得到的远远超过了我们的付出。

这个社会在这个世纪希望这家公司走远走久，那就是去解决社会的问题，今天社会上有那么多问题，这些问题就是在座的机会。如果没有问题，就不需要在座的各位了。

阿里人坚持为小企业服务，因为小企业是中国梦想最多的地方。这里，14年前，我们提出了“让天下没有难做的生意，帮助小企业成长”。今天这个使命落到了你们身上。

我还想再为小企业讲两句，人们说电子商务、互联网制造了不公平，但是我的理解是，互联网制造了真正的公平。请问，全国各省、各市、各地区，有哪个地方为小企业、初创企业提供了像互联网平台提供的税收优惠，互联网给了小企业这个机会。有些企业二五年内拥有了五六个亿用户，他们呼唤跟小企业共同追求平等。小企业需要的就是500块钱的税收优惠。请所有阿里人支持它们，它们一定会成为中国将来最大的纳税群体。

感谢各位，我将会从事一些自己感兴趣的事，教育、环保，刚才那首歌*Heal The World*（《拯救世界》）……我们一起努力，除了工作以外，完善中国的环境，让水清澈、让天空湛蓝、让粮食安全，拜托大家！

马云2013年年终总结内部邮件：《天变了》

在这封年终邮件里，我们可以看到马云对团队的感恩意识，对使命感的呼唤，对大环境变化的敏感，对新挑战的兴奋。

各位阿里人：

又快到过年了。今年是我们实施年度财务预决算到3月底的第一年，所以年终奖金要到4月1号才会决定发不发以及发多少。我们这个月会给每位同事发两个月的工资（13薪），以便大家过个好年。

我现在谈谈今年红包发放的原则。请大家认真阅读。

2013年是很复杂的一年，这一年我们取得了很多可喜的成绩，余额宝、双11、云计算5K项目……同时这一年我们也开始经历前所未有的移动互联网的挑战。这一年我们在电商领域里很多事发展得尽管得心应手、顺风顺水，但各类挑战依旧层出不穷。同时这一年我们从心底里真正感受到新技术革命到来前的敬畏和激动……

从结果上看，2013年阿里各项指标是历史上最好的一年，我们的既有业务达到了历史的辉煌期，我们无线各条业务线也在不断突破，产生了很多的亮点和勤奋优秀创新的团队。

如果2013年只谈三件我骄傲的事，那么就是以下三件。

1. 以余额宝为代表的阿里小微金服，积极参与金融创新，形成了互联网金融的新型服务和产品，不仅仅让普通用户享受了互联网金融的服务，更激发和促进了中国金融行业的改革。

2. 面对移动互联网的迅速变局，为了改变和防止由于微信应用而形成未来中国移动互联网的垄断格局，全体阿里人个个参与，全员接受挑战，员工积极推广“来往”产品并服务“来往”的客户。这种“one family”（一个家）的精神让人感动（当然在11月30日前，没有到100个厂外用户的同学将不会有红包。任何人都可以有一堆理由，但规定就是规定）！

3. 2013年，阿里巴巴集团的日均纳税超过2000万元人民币。这是非常令人鼓舞和值得骄傲的。

以上三条展示的是阿里的精神和文化，可以成为我们今年决定发放红包的原则和出发点。请大家在春节前检查支付宝账户。

我以前说过，工资是公司支付给大家的工作报酬，奖金是你超越公司期望的值，红包是集团对特殊年份特别事件的奖励，股票期权是公司对你未来贡献的期待。所以，除工资外，其他都是要我们自己和团队一起通过艰辛的努力争取的。

说实话，2013年尽管我们成绩不少，但总体没有超越我的期望值。我相信大家也能感受到2013年，我们有很多事情可以做好或可以做得更好，但没有做好。我们的收入和利润虽然大增了，但这并没有让我兴奋，因为中国很多的小企业、小卖家还是很艰难。**我们虽然不能保证每个来开网店的人都赚钱，但“让天下没有难做的生意”的使命，还远远没有变成每一个阿里人的行动。也许因为这个，我们可能从此不仅没有红包，还会没有奖金，还会失去我们热爱的工作。**

以前，我们对别人、别的行业呼吁，天变了。今天我们发现自己头顶上的天也变了，我们脚下稳健的土地也在变化。这不是因为对手，而是因为我们的客户和市场，因为新技术的革命。变化是一种必然，当然，拥抱变化和挑战变化，也必须是我们每个阿里人的能力和底气！15年的发展，今天的阿里已经具备了挑战变化的魄力和决心，但我们绝对不能轻视这瞬息万变的时代，很有可能是由于我们中的任何一个人的疏忽和不求进步，让2013年成了我们

最后一个好年。

昨天那一页已经翻过去了，阿里人，我们面临的挑战是前所未有的，我们昨天的成功很可能会成为我们的包袱，但我们同样面临着史无前例的机会。这个国家马上要兴起波澜壮阔的改革和复兴。我们从来不是为红包，为年终奖而战，而是为未来而努力，为由于我们，中国十年后的不一样而努力。

大家春节好好过年，好好陪家人，好好花钱。放假回来后我们一起迎接挑战，一起变化自己，变化时代。

大年三十晚上，八点老习惯，我们对空敬酒感恩，祝福……

替我问候父母亲人。

马云　阿里巴巴董事局主席

2014年1月20日

附录三

顺势而为的马云非常看好的潜力行业

马云对娱乐业的发展趋势比冯小刚看得更准

2013年7月，香港《南华早报》采访马云，投资华谊兄弟大获成功的马云对文化产业的发展趋势发表了自己的看法。本书节选了马云的精彩观点。

在娱乐行业的发展方面，你能够掌握到年轻人的未来，掌握未来的趋势。

我个人越来越觉得，文化产业值得去做。我们选择这个地方，这十年来，我们也跟以前不一样，当然很多人选择可能是看到有钱赚，但我们选择是觉得这个领域可能是中国将来要碰上问题的地方。如果我今天做了，早做准备，将来就是机会，那就是我能解决这个问题。**中国现在的问题是，有钱没脑子，文化太差，口袋满了，脑袋空了，如果文化产业不起来，中国就是个暴发户国家，是不能持久的。**

好莱坞对美国最大的贡献不是传递美国价值观，好莱坞第一天也没有想过这个东西，是拍好了以后形成了美国独特的价值体系，然后国外的人也觉得这个标准很好，才会成为今天的好莱坞。好莱坞第一天没有成立一个宣传部，告诉全世界说这是我们美国的价值观。没那么回事。所以，今天中国需要把这些东西给挖掘出来。对我来讲，参与这个文化产业，还会不断地加大这个参与，This is where the money should go（这是应该花钱的地方），这是我们赚来的钱应该去的。这就像我们每个人一样，家里有了钱，第一天想到的是让孩子读好的书。今天我们有了钱，第一天想到的是给老百姓好的文化生活。这不是公司投的，是马云自己投的。我进华谊的时候，一年亏200万人民币呢，我投进去，我再帮他们调整战略、组织架构、冯小刚抓电影，王中军、王中磊调整自己改变自己，形成了今天这么一个势头。前面一年花了好多时间，现在一年大概就十分钟时间吧。出发点是希望中国的娱乐文化产业能够起来，中国也能有像华纳兄弟那样的公司。

今后阿里进入的任何一个领域，都是我们认为中国十年以后需要的东西。什么东西今天很热，我们原则上不会进，一定不会进。在我当CEO的时候，什么东西太热了，人说咱们今天进去？轮不到我们。什么东西我们判断十年之后有机会，我的兴趣就来了。十年之后的机会是因为十年以后会有这样的问题，所以，我们必须今天去prepare for it（为它做准备），你这样才会有机会。

冯小刚写了个微博，奥运会那一年，奥运会的前一天，我跟他在富春山居坐下来吹牛。我说，小刚，放心，中国的电影票房总有一天，单片会过一亿美元的。哎呀，马云，别瞎扯了。我说第二，华谊兄弟的股票有一天市值会过百亿人民币。他说，您说吧，说吧。第三，我说，中国电影的市场有一天可以看到100亿的票房，就是整个中国。他说，也就一说。去年他说，唷，还都成现实了。我本来说的是十年。现在你看，奥运会过去才几年。我们进去的时候还每年亏200万人民币，到今年一年赚两三个亿的利润。我自己觉得很好了，哪有比这更好的事儿？

马云正在农业方面下一盘很大的棋

2012年12月，获得“央视经济年度人物”的马云突然现身北京“三安诚”超有机食品专营超市开业典礼上。马云表示，未来关注食品安全，将是大趋势，所以自己会在三安诚规模还小的时候，对其给予进一步的支持。

三安诚执行总裁张程表示：“未来将通过与阿里巴巴深度合作将产品逐步铺向全国。”“目前为止，我们已经在全国20个省90个市建立了三安生产基地，全部以超过欧盟标准、‘零农残’进行生产，这足以保证我们的产品质量，满足消费者对产品品质的要求。下一步，我们将在终端布局上发力，在北京这家店之后，我们计划五年内在全国开出1000家店。”

马云在农业方面的布局不止帮助三安诚在天猫上销售产品。阿里巴巴的B2B平台增加了农产品批发企业的数量和规模。淘宝网的B2C平台，增加了生态农业频道，让消费者通过视频了解生态农业市场，淘宝的“特色中国”项目则立志打造31个地方土特产馆。为了保障农产品的新鲜度，天猫物流事业部发起了“邮E站”项目，在农村部署更多的网店，解决农产品运输的物流问题。支付宝将组建农村金融事业部，进行农村便民支付及农村金融服务，搭建涉农企业及农业合作社的融资平台会是其重点。

和马云一样看好农产品前景的还有丁磊、柳传志、潘石屹、褚时健等知名企业家，以及罗杰斯这样的世界顶级投资家。

随着城镇化、工业化的推进，今后中国食物消费需求仍将持续增长，而中国及世界农业大国的农民却逐渐老去，新一代愿意务农的人大大减少，未来农产品的供应有不足的风险。需求增长而供应不足，农产品涨价是大趋势。顺势而为的太极智慧是成功大道，有兴趣创业或投资的朋友不妨关注一下农产品市场。